A CHECKLIST OF PRINTED MATERIALS RELATING TO FRENCH-CANADIAN LITERATURE

1763 - 1968

LISTE DE RÉFÉRENCE D'IMPRIMÉS RELATIFS A LA LITTÉRATURE CANADIENNE-FRANÇAISE

i

A CHECKLIST OF PRINTED MATERIALS RELATING TO FRENCH-CANADIAN LITERATURE

1763 - 1968

LISTE DE RÉFÉRENCE D'IMPRIMÉS RELATIFS A LA LITTÉRATURE CANADIENNE-FRANÇAISE

Second Edition / Deuxième Édition

Gérard Tougas

University of British Columbia Press
Vancouver

A Checklist of Printed Materials Relating to French-Canadian Literature
Liste de référence d'imprimés relatifs à la littérature canadienne-française

First edition/Première édition 1958
Second edition revised and enlarged/Seconde édition revue et augmentée 1973

International Standard Book Number
(hard cover edition) 0-7748-0007-0
International Standard Book Number
(paper cover edition) 0-7748-0008-9
Library of Congress Catalogue Card Number 72-83414

Printed in Canada   Imprimé au Canada

iv

CONTENTS / TABLE DES MATIÈRES

SCHOOL OF LIBRARY SCIENCE
The University of Alberta

vi

PREFACE

Since the publication of the first edition, considerable changes have occurred in the field of French-Canadian literature. French-Canadian studies have become not only firmly established in most Canadian universities outside Quebec, but also they have been adopted outside Canada. In England, a special program for French-Canadian studies was established in 1963 at the University of Birmingham. In France, professorships in French-Canadian literature are rapidly becoming a tradition at the universities of Caen and Strasbourg. Recently, doctorates in French-Canadian literature have made their appearance in the United States, particularly at the University of Wisconsin.

Since 1958 many reference works have been published on various aspects of French-Canadian literature. Foremost among these is the *Archives des lettres canadiennes* (Ottawa : Centre de recherches de littérature canadienne-française at the University of Ottawa); *Livres et auteurs canadiens,* an annual review edited since 1961 by Adrien Thério; *The Oxford Companion to Canadian History and Literature* (Toronto : Oxford University Press, 1967), a reference work including both French-and English-Canadian literature; *Bibliographie critique du roman canadien-français 1837-1900* by David Hayne and Marcel Tirol (Toronto : University of Toronto Press, 1968). Guy Sylvestre has compiled a useful list of reference works pertaining to French Canada in *La Recherche au Canada Français* (Montreal : Les Presses de l'Université de Montréal, 1968), pp. 149-161.

The reasons which were set out in the Preface to the first edition for undertaking the publication of a checklist still remain valid and indeed they have been reinforced by a rapidly growing corpus of writing on the one hand and the unfortunate lack of a complete bibliography of French-Canadian literature on the other. Testimony to the usefulness of a checklist has been afforded by the favourable reception of the first edition and the numerous enquiries regarding the possibility of a second edition. To meet the needs of both students and specialists certain categories of books which had not been included in the first edition have been included in the present volume. These additions now encompass bibliographies and theses. The same notations and abbreviations as in the first edition are used for convenience.

I am particularly indebted to Mr. Basil Stuart-Stubbs, Head Librarian, Mr. R. Hamilton, Assistant Librarian, and Mrs. Susan Port, for their expert advice and constant support; to Dr. Jane Fredeman for her preparation of the bibliographic entries, to Miss Pamela Piddington for her assistance, and to Miss Thora van Male, Miss Helene Meloche and Mrs. Ruth Coward for indexing the works added to our collection since 1958. A generous grant from the Research Committee of the University of British Columbia provided the initial stimulus for undertaking this second edition.

Gérard Tougas

PRÉFACE

Depuis la publication de notre première édition, les études canadiennes-françaises se sont étendues non seulement aux principales universités canadiennes hors du Québec mais aussi à l'étranger. En Angleterre, à l'Université de Birmingham, a été créée en 1963 une section d'études canadiennes-françaises. En France des chaires de littérature canadienne-française existent depuis peu d'années aux Universités de Caen et de Strasbourg. Aux États-Unis, notamment à l'Université de Wisconsin, paraissent des thèses de doctorat en littérature canadienne-française.

Toute cette activité a suscité la publication d'instruments de recherche qui viennent s'ajouter à ceux indiqués dans la Préface de notre première édition. Mentionnons surtout les *Archives des lettres canadiennes* (Centre de recherches de littérature canadienne-française de l'Université d'Ottawa); *Livres et auteurs canadiens,* recension annuelle, dirigée depuis 1961 par Adrien Thério; *The Oxford Companion to Canadian History and Literature* (1967), ouvrage de référence qui englobe les deux littératures d'expression française et anglaise; *Bibliographie critique du roman canadien-français 1837-1900* de David Hayne et Marcel Tirol (University of Toronto Press, 1968). Guy Sylvestre a dressé l'inventaire des ouvrages de référence dans *La Recherche au Canada Français* (Les Presses de l'Université de Montréal, 1968) pp. 149-161.

Les raisons que nous invoquions dans la Préface de la première édition pour justifier la parution d'une liste de référence comme la nôtre n'ont guère changé lorsqu'il s'est agi d'envisager une mise à jour jusqu'à 1968. Aussi longtemps qu'une bibliographie complète de tous les écrits ayant paru en français au Canada depuis 1763 nous fait défaut, une liste, même incomplète, de ces écrits, est susceptible de rendre des services aux chercheurs. La rapidité avec laquelle la première édition s'est épuisée et les nombreuses demandes adressées à l'Université de Colombie Britannique pour qu'une deuxième édition soit publiée fournissent la preuve de l'utilité de notre entreprise. Afin que notre deuxième liste rende le maximum de services aux chercheurs, il a été décidé d'inclure cette fois, thèses et bibliographies qui n'avaient pas trouvé droit de cité dans la première édition.

Il nous reste à remercier M. Basil Stuart-Stubbs, bibliothécaire en chef, M. R. Hamilton, bibliothécaire adjoint, et Mme Susan Port, qui ont suivi nos travaux et nous ont fait largement profiter de leur expérience. Mlle Pamela Piddington a bien voulu vérifier l'exactitude des données bibliographiques, Mme Jane Fredeman s'est chargée de la dactylographie du manuscrit définitif. Trois assistantes, Mlle Thora van Male, Hélène Meloche et Mme Ruth Coward se sont acquittées avec compétence de la rude tâche de répertorier les livres qui depuis 1958 sont venus s'ajouter à notre collection. Une subvention provenant du Comité de recherche de l'Université de Colombie Britannique a grandement facilité nos travaux.

Gérard Tougas

PREFACE TO THE FIRST EDITION

The present checklist represents the holdings of the University of British Columbia in the field of French-Canadian literature. Collected over a number of years, these books now comprise a considerable proportion of the literary output of French Canada. The publication of such a checklist should render valuable services both to students and scholars, all the more so as all materials listed are readily accessible.

There is yet to appear in Canada a complete bibliography of Canadian literature, both English and French. Frederick T. Macartney's *Australian Literature, A Bibilography Extended to 1950* (Sydney: Angus & Robertson, 1956) is without an equivalent in Canada. Doubtless, the parallel development of two distinctive literatures has retarded the publication of a comprehensive bibliography of Canadian literature. A very important step in that direction will have been taken with the publication of Dr. Reginald Watters's *A Check List of Canadian Literature and Background Materials, 1628-1950*, University of Toronto Press. Our own bibliography, much less extensive in scope, together with Antonio Drolet's *Bibliographie du roman canadien-français, 1900-1950* (Québec : Les Presses Universitaires Laval, 1955), Gérard Martin's *Bibliographie sommaire du Canada français 1854-1954* (Québec : Secrétariat de la Province de Québec, 1954), as well as a few older bibliographies could constitute the French equivalent to Professor Watters's checklist. The way would then be clear for the publication of the very much needed bibliography of English and French-Canadian literature.

Our own checklist could not have been published without the generous help of colleagues and friends. First among these should be mentioned the late Dr. Gilbert N. Tucker, Professor of Canadian History in the University of British Columbia. It was he who first convinced the University of British Columbia, as well as the Carnegie Corporation of New York, of the possibility of building on the excellent nucleus constituted by the Howay-Reid collection of Canadiana in such a way as to create one of the best collections of Canadiana to be found on the continent. The University as a whole is much indebted to Dr. Tucker as well as to the Carnegie Corporation for the realization of this project.

We owe a debt of gratitude to President Norman MacKenzie, Dean Geoffrey Andrew and Dr. J. Gordon Andison, Head of the Department of Romance Studies, for their kind encouragement. We were also fortunate in being able to count at all times on the expert advice of Mr. Neal Harlow,

Librarian, and Dr. Samuel Rothstein, Assistant Librarian, as well as on the services of the staff of the Library of the University of British Columbia. We should like to mention in particular Miss Eleanor Mercer, Head of the Acquisitions Division, Miss Marjorie Alldritt, Head of the Catalogue Division and Mr. Basil Stuart-Stubbs. Finally, we should like to thank Miss Ethel Fugler and Mrs. M. Papafingos for their secretarial help, and Mrs. Doris Tougas for preparing the final draft of the manuscript.

The Library of the University of British Columbia is most grateful to the École de Bibliothécaires de l'Université de Montréal and to Père Paul-A. Martin, C.S.C., for having authorized the microfilming of approximately two hundred and fifty of its bio-bibliographies of French-Canadian authors. These bio-bibliographies, of which only a few have been published, contain invaluable information on French-Canadian literature and enhance the value of our own collection of Canadiana.

A NOTE ON THE SCOPE AND ARRANGEMENT OF THE CHECKLIST

The word *literature* has been given an extensive interpretation. Besides the novel, poetry, drama, short stories, chronicles, literary criticism and biographies dealing with authors or leading figures having some connection with literature, are also included parliamentary oratory, travellers' chronicles, and folklore, when not of a scientific nature. Translations as well as various editions of the same work have also been considered as pertinent material.

Outside this frame of reference, there remain the following areas which have been excluded : pulpit oratory, philosophy and history. One single exception was made in the field of history, that of François-Xavier Garneau, because of his considerable influence on the development of French-Canadian literature. Finally, newpapers and periodicals, as well as anonymous works pertaining to the literature of French Canada, have been left for some future compilation.

The adjective *French-Canadian*, describing the literature which has arisen in Canada, has been taken to mean that body of writing which begins, theoretically, with the Treaty of Paris, 1763. Some authors consider the writings of the French Régime (1534-1763) as also belonging to French-Canadian literature. While not entirely rejecting this view, it was felt that the value of the present checklist could not seriously suffer by the exclusion of writings which were all published, without exception, in France, by authors, who, for the most part, died there. All writers born and educated in Canada have been considered as Canadian, even though a portion of their works might have appeared abroad. Creative works of a distinctly Canadian character have also been included in the case of foreign authors having spent at least part of their lives in Canada. Such novelists as Louis Hémon and Maurice Constantin-Weyer fall under this heading.

The present checklist being bi-lingual, a number of abbreviations were arbitrarily adopted, the complete transcription of which is as follows :

comp.	— compiler compilateur (trice)
n.p. sans éditeur	— No publisher sans éditeur
n.d. sans date	— No date sans date
pseud.	— pseudonym(e)

Unless otherwise indicated, the place of publication is Montreal. The microfilmed series of bio-bibliographies is that of the École de Bibliothécaires de l'Université de Montréal.

Biographies and critical works on authors are indented.

Gérard Tougas

PRÉFACE DE LA PREMIÈRE ÉDITION

La présente liste de contrôle est un premier inventaire de tous les imprimés relatifs à la littérature canadienne-française que possède la Bibliothèque de l'Université de Colombie Britannique. Bien que cette liste ne constitue pas un répertoire complet de toute la production littéraire canadienne-française, elle fournira néanmoins, en raison de la haute qualité de la collection répertoriée, un précieux outil à tous ceux qui s'intéressent au développement de la littérature canadienne-française. Il est toujours avantageux pour le chercheur de savoir où consulter les ouvrages rares ou d'accès difficile; cette dernière considération eût suffi à légitimer la publication d'une liste de contrôle telle que celle-ci.

Nous avons songé aussi à cette bibliographie de la littérature canadienne (anglaise et française) que le Canada se doit de publier dans un proche avenir. Notre très estimé ami et collègue, M. le professeur Reginald Watters aura hâté cet heureux événement par la publication prochaine de sa bibliographie complète de la littérature canadienne-anglaise : *A Check List of Canadian Literature and Background Materials, 1628-1950*, University of Toronto Press. Notre propre travail, de plus modestes proportions, réuni à celui d'Antonio Drolet *(Bibliographie du roman canadien-français 1900-1950,* Québec : Les Presses universitaires de Laval, 1955), à celui de Gérard Martin (*Bibliographie sommaire du Canada français 1854-1954.* Québec : Secrétariat de la Province de Québec, 1954) et à quelques autres travaux bibliographiques, tant anciens que modernes, permettrait d'envisager la publication d'une bibliographie complète de la littérature canadienne-française. Cette bibliographie, dont on veut espérer que la réalisation sera prochaine, donnerait enfin, avec celle de M. le professeur Reginald Watters, une image complète de la littérature canadienne.

Dans notre propre travail, nous avons bénéficié de nombreux concours extérieurs. En premier lieu, nous voudrions évoquer la mémoire du très regretté Gilbert Tucker, professeur d'Histoire du Canada à l'Université de Colombie Britannique. Ce fut lui, plus que tout autre, qui sut intéresser les autorités universitaires et la Carnegie Corporation de New-York au projet de créer, à l'Université, une collection de Canàdiana de premier ordre. A la Carnegie Corporation, l'Université est reconnaissante d'avoir octroyé au Département d'Histoire deux subventions successives, grâce auxquelles, en une période de moins de dix ans, une des meilleures collections de Canadiana qui soient a pu être montée autour du fonds Howay-Reid que possédait déjà la Bibliothèque. Le président de l'Université, M. Norman MacKenzie, M. le doyen Geoffrey Andrew et le Chef du Département des langues romanes, M. Gordon Andison, n'ont jamais manqué de nous témoigner leur bienveillant encouragement. En même temps, nous avons pu mettre à contribution les très compétents services du personnel de la Bibliothèque. En particulier, nous avons contracté une dette de reconnaissance envers M. Neal Harlow, bibliothécaire en chef, M. Samuel Rothstein, bibliothécaire adjoint, ainsi que Mlles Eleanor Mercer, Marjorie Aldritt et M. Basil Stuart-Stubbs. Enfin, sans l'aide de Mme Micheline Papafingos qui s'est chargée du premier état du manuscrit et de ma femme, Mme Doris Tougas, qui s'est occupée de la dactylographie du manuscrit définitif, cette liste de contrôle n'eût pu être publiée.

Nous voudrions remercier tout particulièrement le Conseil de l'École de Bibliothécaires de l'Université de Montréal et le Père Paul-A. Martin, C.S.C., de nous avoir autorisé à microfilmer environ deux cent cinquante bio-bibliographies d'auteurs canadiens-français. Cette série microfilmée contient une foule de renseignements d'autant plus précieux qu'ils sont introuvables ailleurs.

PRÉCISIONS CONCERNANT LA LISTE DE CONTRÔLE

C'est dans un sens très large que nous avons interprété le mot *littérature*. Sont inclus : le roman, la poésie, le théâtre, le conte, la chronique, la biographie, la critique littéraire, les récits de voyage, le folklore lorsque celui-ci n'est pas exclusivement scientifique, l'éloquence parlementaire. Il a été juge utile d'indiquer les éditions successives d'un même ouvrage et les traductions. Sont exclues : l'éloquence religieuse, la théologie, la philosophie et l'histoire. Une seule exception à cette dernière pourtant : François-Xavier Garneau, en raison de sa très grande influence sur les lettres canadiennes.

Par *littérature canadienne-française* nous entendons l'ensemble des écrits qui a vu le jour depuis le traité de Paris (1763). D'aucuns estiment qu'il faut faire remonter les origines de la littérature canadienne-française aux relations des explorateurs français du 16e siècle. Sans vouloir rejeter ce point de vue, nous osons croire toutefois que l'exclusion d'écrits qui ont été sans exception publiés en France par des auteurs qui, pour la plupart, y sont morts, n'enlèvera rien d'essentiel à une liste comme la nôtre. Tous les écrivains nés au Canada et qui doivent à ce pays leur première formation intellectuelle sont considérés comme canadiens. Droit de cité a aussi été donné à ces oeuvres d'imagination revêtues d'un cachet authentiquement canadien, lesquelles ont été le fruit de séjours plus ou moins prolongés de leurs auteurs au Canada. Louis Hémon et Maurice Constantin-Weyer appartiennent à cette catégorie.

Les nombreux journaux et périodiques, ainsi que les ouvrages anonymes ou généraux ayant trait à la littérature n'ont pu trouver place dans cette liste et devront attendre un supplément.

Afin de conserver à cette liste son caractère bilingue, nous avons eu recours aux abréviations dont voici la transcription complète :

comp.	—	compiler compilateur(trice)
n.p. sans éditeur	—	No publisher sans éditeur
n.d. sans date	—	No date sans date
pseud.	—	pseudonym(e)

Sauf indication contraire, tous les ouvrages cités ont été publiés à Montréal. Les biographies sont placées à droite, légèrement en retrait de la marge. La série microfilmée des bio-bibliographies est celle de l'École de Bibliothécaires de l'Université de Montréal.

Gérard Tougas

WORKS AND CRITICISM

OEUVRES ET CRITIQUE LITTÉRAIRES

ACHARD, Eugène (Lucien Rivereine, pseud.)

Aux bords du Richelieu : Nouvelles. [Préface de L'hon. L.-O. David]. Beauchemin, 1925. 288 p.

Les Aventures de Frère Renard (D'après saint François d'Assise et le fabuliste La Fontaine). Librairie Générale Canadienne, [1956]. 79 p.

Le Bonhomme misère. Librairie Générale Canadienne, [1956]. 80 p.

Le Casseau d'écorce magique. Librairie Générale Canadienne, [1952]. 77 p.

La Caverne des Rocheuses : Aventures dans l'ouest canadien sur le chemin de fer du Pacifique canadien. Nouv. éd. revisée et complétée. Librairie Générale Canadienne. [1949]. 141 p.

Les Chroniques du Lac Champlain : I. Le Château du Rat-Musqué (Adapté de Fénimore Cooper). 2e éd. rev. et complétée. Librairie Générale Canadienne, [1948]. 141 p.

Les Contes de la lune et du vent. Librairie Générale Canadienne, [1953]. 77 p.

Les Contes de l'oiseau bleu. Librairie Générale Canadienne, [1946]. 126 p.

Les Contes du Richelieu. Librairie Générale Canadienne, [1940]. 127 p.

Le Corsaire de la baie d'Hudson. Librairie Générale Canadienne, [1953]. 141 p.

La Dame blanche du cap Diamant. Librairie Générale Canadienne, [1953]. 79 p.

L'Espion du Nord. [par] Eugène Achard [et] Frédéric Bronner. Librairie Générale Canadienne, [1954]. 190 p.

La Grenouille verte. Librairie Générale Canadienne, [1953]. 79 p.

Le Marinier de Saint-Malo: Roman historique canadien. Beauchemin, 1935. 148 p.

Notre-Dame des Rocheuses. Librairie Générale Canadienne, [1951]. 140 p.

L'Oiseau vert et la princesse fortunée (D'après un conte oriental). Librairie Générale Canadienne, [1956]. 79 p.

Le Ranch de l'U Barré. Librairie Générale Canadienne, [1951]. 143 p.

Sous les plis du drapeau blanc. Éd. Définitive. Librairie Générale Canadienne, [1954]. 188 p.

Sur le grand fleuve du Canada. Librairie Générale Canadienne, [1939].
188 p.

Sur les chemins de l'Acadie (Récits et nouvelles). Beauchemin, 1951.
126 p.

Sur les pistes du grand désert blanc. Librairie Générale Canadienne,
[1951]. 126 p.

Sur les sentiers de la Côte-Nord. Librairie Générale Canadienne, [1960].
206 p.

Terres de brume et de soleil. Librairie Générale Canadienne, [1945].
127 p.

La Touchante Odyssée d'Évangéline. Traduction libre du poème de
Longfellow avec notes explicatives. Librairie Générale Canadienne,
[n.d. — sans date]. 2 vols.

Le Trésor de l'Île-aux-noix : Roman canadien. Préface de Mme Blanche
Lamontagne-Beauregard. Beauchemin, 1925. 188 p.

Les Vacances de Geneviève (Une Petite Québecquoise d'autrefois).
Dessins originaux de Marie-Anne Paliard. Librairie Générale Canadienne, [1953]. 190 p.

Le Vainqueur du rodéo. Librairie Générale Canadienne, [1956]. 80 p.

Zozor; suivi de La Puce. Librairie Générale Canadienne, [1956]. 80 p.

    Blanche Faucher, comp. «Bio-bibliographie de Eugène Achard.»
[n.p. — sans éditeur], 1940. 41 p. (Microfilm)
Madeleine Tétreault, comp. «Bio-bibliographie de Eugène
Achard.» Préface de Mlle Juliette Chabot. [n.p. — sans
éditeur], 1947. 10 p. (Microfilm)

ACHARD, Micheline

La Petite Souris grise; suivi de Nicolas va à la chasse. Librairie Générale
Canadienne, [1956]. 80 p.

ALLAIRE, Aurélien d'

Évocations. Éditions de l'Orphée, [1967]. 82 p.

ALLARD, Jeanne Grisé

Un Billet pour l'Espagne. Illustrations de Pierre et Michel Allard.
Beauchemin, 1960. 122 p.

Gouttes d'eau. [Préface de Georges-M. Bilodeau]. Illustrations par
l'auteur. [n.p. — sans éditeur], [n.d. — sans date]. 128 p.

    Pierrette Moisan, comp. «Bio-bibliographie de Madame Jeanne
Grise-Allard.» [n.p. — sans éditeur], [n.d. — sans date].
36 p. (Microfilm)

ALLEN-SHORE, Léna (pseud.) voir Shore, Thérèse

ALMA, Qué. Externat Classique

Poèmes. Alma, Québec, 1963. 63 p.

AMY, Rose

La Tournée imprévue. Éditions Atlas, 1948. 2 vols.

ANDRINET, Claude (pseud.) voir Cardinal, Léo

ANGERS, Charles (Jean du Sol, pseud.)

Le Docteur Hubert LaRue et l'idée canadienne française. [Préface de l'auteur]. Québec : Le Soleil, 1912. ix + 232 p.

ANGERS, Félicité (Laure Conan, pseud.)

A l'oeuvre et à l'épreuve. Beauchemin, 1914. 237 p.

Un Amour vrai. Leprohon and Leprohon, [n.d. — sans date]. 60 p.

Angéline de Montbrun. [Préface de Bruno Lafleur]. Québec : J. A. Langlais, 1886. 343 p.

Angéline de Montbrun. Précédé d'une chronologie, d'une bibliographie et de jugements critiques. Fides, [1968, c 1967]. 187 p.

Aux Canadiennes: Le Peuple canadien sera sobre si vous le voulez. Québec : Imprimerie Commerciale, 1913. 35 p.

Laure Conan. Textes choisis et présentés par Micheline Dumont. Fides, [1961, c 1960]. 95 p.

Louis Hébert, premier colon du Canada. Québec : L'Événement, 1912. 39 p.

The Master Motive. St. Louis : Herder, 1909.

L'Obscure Souffrance. [Préface de l'honorable Thomas Chapais]. Québec : [Action sociale], 1924. xvi + 147 p.

L'Oublié. 5ᵉ éd. Beauchemin, 1914. 139 p.

La Sève immortelle. [Avant-propos de Thomas Chapais]. Beauchemin, 1953 [c 1925]. 221 p.

Si les Canadiennes le voulaient ! Québec : Darveau, 1886. 59 p.

Silhouettes canadiennes. Québec : Action sociale, 1917. 196 p.

La Vaine Foi. Maisonneuve, 1921. 48 p.

> G.-L. Robidoux, comp. «Notes bio-bibliographiques sur Laure Conan.» École de bibliothécaires, 1948. iv + 9 p. (Microfilm)
>
> Soeur Marie de S.-Jeanne d'Orléans, R.S.C., comp. «Bibliographie de Laure Conan.» [n.p. — sans éditeur], [n.d. — sans date]. 16 p. (Microfilm)

ANNE-MARIE (pseud.) voir David, Nellie (Maillard)

AQUIN, Hubert

Prochain Épisode : Roman. Cercle du Livre de France, [c 1965]. 174 p.

Prochain Épisode. Translated from the French by Penny Williams. [Toronto : McClelland & Stewart], [1967]. 125 p.

Trou de mémoire : Roman. [Avant-propos de Olympe Ghezzo-Quénum]. Cercle du Livre de France, [1968]. 204 p.

AQUIN, Marie Thomas (Marie Sylvia, pseud.)

Reflets d'opales. [Préface de l'auteur]. [n.p. — sans éditeur], 1945. 219 p.

Vers le vrai : Poésies. [Préface de l'auteur]. Carrier, 1928. 74 p.

ARCHAMBAULT, Gilles

Une Suprême Discrétion : Roman. Cercle du Livre de France, [1963]. 158 p.

La Vie à trois : Roman. Cercle du Livre de France, [c 1965]. 178 p.

ARCHAMBAULT, Joseph-Papin

Anne-Marie Bernier, comp. «Essais de bio-bibliographie du R. P. Joseph-Papin Archambault, S. J., et bibliographie de son oeuvre littéraire.» Université de Montréal, [1939]. 40 p. (Microfilm)

ARCHAMBAULT, Sergius (Palmieri, pseud.)

Mes Souvenirs de théâtre. L'Étoile, [c 1944]. 116 p.

ARCURI, Joseph

Le Rat Richard. Ste-Rose-de-Laval : [n.p. — sans éditeur], 1963. 27 p.

ARLES, Henri d' (pseud.) voir Beaudé, Henri

ARNOLD, Ivor Adolphe

«L'École de Québec et l'influence française.» M.A. Thesis, University of British Columbia, 1963. iv + 116 p.

ARSENAULT, Ernest

Les Loisirs d'un curé de campagne. Québec : Caritas, 1953. 365 p.

Soeur Saint-Gérard-du-Sauveur, comp. «Monsieur l'abbé Ernest Arsenault. Notes bio-bibliographiques.» Université de Montréal : École de bibliothécaires, 1953. 24 p. (Microfilm)

ARSENAULT, Guy

Essais poétiques : L'Eau, la Montagne et le Loup : Petite Cosmologie de mes haines. Avec trois bois originaux, gravés par Janine Leroux. Goglin, [n.d. — sans date]. [unpaged — sans pagination].

ARVOR, Guy d' (pseud.) voir Cadieux, Léo

ASSELIN, Olivar

De nos besoins intellectuels. [n.p. — sans éditeur], [n.d. — sans date]. 32 p.

L'Oeuvre de l'abbé Groulx : Conférence faite à la salle Saint-Sulpice, à Montréal le 15 février 1923 sous les auspices du Cercle d'Action française des Étudiants de l'Université de Montréal. 1923. 96 p.

Pensée française : Pages choisies. [Préface de Gérard Dagenais]. Action canadienne-française, [1937]. 214 p.

Le Sou de la pensée française. [n.p. — sans éditeur], [1913]. 46 p.

> Marcel-A. Gagnon. *La Vie orageuse d'Olivar Asselin.* [Préface du chanoine Lionel Groulx]. Éditions de l'"Homme, [1962]. 302 p.
>
> Georges Normandin, comp. «Bio-bibliographie de Olivar Asselin.» École des bibliothécaires, 1947. 9 p. (Microfilm)

AUBIER, Michel, (pseud.) voir Racine, Gérard

AUBIN-TELLIER, Marguerite

> Madeleine Martin, comp. «Bio-bibliographie de Madame Marguerite Aubin-Tellier.» Chicoutimi : École de bibliothécaires de l'Université de Montréal, 1951. 60 p. [Microfilm]

AUBRY, Claude

Les Îles du roi Maha II : Conte fantaisiste canadien. Illustré par Édouard Perret, Prix «Littérature — jeunesse de l'ACELF — 1959.» Québec : Pélican, 1960. 60 p.

The Magic Fiddler and Other Legends of French Canada. Graphics by Saul Field. Translated from the French by Alice E. Kane. [Introduction by Marius Barbeau]. [Preface by the author]. [Toronto] : Peter Martin, [c 1968]. 98 p.

Miroirs déformants. Fides, 1945. 207 p.

La Vengeance des hommes de bonne volonté. Dessins de Marcel Martin. Fides, 1944. 69 p.

> Andrée Bélair, comp. «Bio-bibliographie de Claude Aubry.» Préface de M. Pierre Ricour, L.L. [n.p. — sans éditeur], 1947. xiv + 47 p. (Microfilm)
>
> Thérèse Laroche, comp. «Bibliographie de M. Claude Aubry, conservateur adjoint à la Bibliothèque publique d'Ottawa.» École de bibliothécaires, 1949. v + 10 p. (Microfilm)

AUDET, François-Joseph

Pseudonymes canadiens. [Préface de M. Aegidius Fauteux]. [par] François-J. Audet [et] Gérard Malchelosse. Ducharme, 1936. 189 p.

AUDET, Noël

Figures parallèles. Québec : Éditions de l'Arc, [1963]. 103 p.
La Tête barbare : Transpoésie. Éditions du Jour, [1968]. 77 p.

AUGER, Jacqueline (Guy Nemer, pseud.)

La Résurrection du coeur: Roman canadien inédit. Illustrations d'Albert Fournier. Garand, [c 1930]. 80 p.

BAILLAIRGÉ, Frédéric Alexandre

Coups de crayon. Joliette : Bureau de l'étudiant et du couvent, 1889. 224 p.
Jeunesse et folies. Verchères : L'auteur, 1925. 91 p.
La Littérature au Canada en 1890 : Première Année. Joliette : L'auteur, 1891. 352 p.

BAILLARGEON, Anita

Langage du coeur : Poésies libres. Québec : [n.p. — sans éditeur], 1958. 80 p.

BAILLARGEON, Mme Pierre (Jacqueline Mabit, pseud.)

Couleur banlieue. Malines : C.E.L.F., 1954. 42 p.
La Fin de la joie. Parizeau, 1945. 226 p.
Les Hommes ont passé : Roman. Beauchemin, 1948. 225 p.

BAILLARGEON, Pierre

Commerce. Variétés, [1947]. 185 p.
Hasard et moi. [Beauchemin], [1940]. 53 p.
Madame Homère. Éditions du Lys, [1963]. 123. p.
Les Médisances de Claude Perrin. [Préface de l'éditeur]. Parizeau, 1945. 197 p.
La Neige et le feu : Roman. Variétés, [1948]. 205 p.
Le Scandale est nécessaire. Éditions du Jour, [1962]. 154 p.

> Edmée Fréchette, comp. «Essai de bio-bibliographie, Monsieur Pierre Baillargeon.» École de bibliothécaires, 1949. 23 p. (Microfilm)

BAILLARGEON, Samuel

Littérature canadienne-française. [Préface de Lionel Groulx]. 2e éd., rev. Fides, [1960]. 525 p.

BAKER, William Athanase

Les Aubes sur les cimes : Poésies. 2e éd. Librairie Victor Grenier, [1924]. 36 p.
Les Disques d'airain — Premières Poésies : Rêveries. [Préface de l'auteur]. Malchelosse, 1918. 166 p.

Poèmes des montagnes. Librairie Victor Grenier, [n.d. — sans date]. 23 p.

Prose et pensées : Les Pensées de Pascal. Pascal et la pensée moderne. Goethe. L'Éducation et ses théories. Place à l'amour, comédie. 2ᵉ éd. Daoust et Tremblay, 1911. 113 p.

> Dorothy Philion, comp. «Bio-bibliographie de W. A. Baker.» Préface de Andrée Chaurette. École de bibliothécaires de l'Université de Montréal, 1951. xiii + 45 p. (Microfilm)

BARBEAU, Antonio

> Denise Richard, comp. «Bio-bibliographie analytique de M. Antonio Barbeau.» Préface du Dr J.-Roméo Pépin. École de bibliothécaires de l'Université de Montréal, 1942. ix + 46 p. (Microfilm)

BARBEAU, Charles Marius

Alouette ! Nouveau Recueil de chansons populaires avec mélodies choisies dans le répertoire du Musée national du Canada. Lumen, [1946]. 216 p.

L'Arbre des rêves. Lumen, [1948, c 1947]. 189 p.

Contes populaires canadiens : Seconde Série. Journal of American Folklore, XXX (1917), 1-140.

The Downfall of Temlaham. Illustrations by A. Y. Jackson, Edwin H. Holgate, W. Langdon Kihn, Emily Carr and Annie D. Savage. Toronto : Macmillan, 1928. xii + 253 p.

Folk Songs of French Canada. [par] Marius Barbeau [and] Edward Sapir. [Preface and Introduction by the author]. New Haven : Yale University Press, 1925. xxii + 216 p.

The Golden Phoenix and Other French-Canadian Fairy Tales. Retold by Michael Hornyanski. Illustrated by Arthur Price. Toronto : Oxford University Press, 1958. 144 p.

Grand'mère raconte. Illustrations de Phoebé Thomson. Beauchemin, [1935]. 101 p.

L'Homme aux trois femmes : Jeu inspiré de thèmes folkloriques indiens et français. En un prologue et un acte. Dessins de Robert Langstadt. [par] Marius Barbeau [et] Juliette Caron-Dupont. Beauchemin, 1945. 48 p.

I Have Seen Quebec. Designed by Arthur Price. Toronto : Macmillan, 1957. [unpaged — sans pagination].

The Kingdom of Saguenay. Illustrations by A. Y. Jackson, George Pepper, Kathleen Daly, Peter and B. Coghill Haworth, André Biéler, Arthur Lismer, Gordon Pfeiffer, Yvonne McKague, Rody Kenny, Courtice and Albert Cloutier. Toronto : Macmillan 1936. 167 p.

Mountain Cloud. Illustrations by Thoreau MacDonald. Toronto : Macmillan, 1944. 300 p.

Québec où survit l'ancienne France. Illustrations by Marjorie Borden. Québec : Garneau, 1937. 175 p.

Le Rêve de Kamalmouk. [Préface de Luc Lacourcière]. Fides, 1948. 231 p.

Les Rêves des chasseurs. Illustrations de Phoebé Thomson et Marjorie Borden. Beauchemin, 1945. 117 p.

Romancero du Canada. Toronto : Macmillan, 1937. 254 p.

Le Saguenay légendaire. Beauchemin, 1967. 147 p.

The Tree of Dreams. Illustrated by Arthur Price. Toronto : Oxford University Press, 1955. 112 p.

> Clarisse Cardin, comp. *Bio-bibliographie de Marius Barbeau.* Précédée d'un hommage à Marius Barbeau par Luc Lacourcière et Félix-Antoine Savard. Ottawa : Fides, 1947. 96 p.
>
> ————, comp. «Bio-bibliographie de M. Marius Barbeau.» Préface de M. Louvigny de Montigny. École de bibliothécaires de l'Université de Montréal, 1942. 101 p. (Microfilm)

BARBEAU, Marius voir Barbeau, Charles Marius

BARRÉ, Laurent

L'Emprise : Berthe et Rosette : Roman canadien. Saint-Hyacinthe : [n.p. — sans éditeur], 1929. 224 p.

L'Emprise : Conscience de croyants : Roman canadien. Tome II. Saint-Hyacinthe : [n.p. — sans éditeur], 1930. 230 p.

BARRY, Marie Robertine (Françoise, pseud.)

Chroniques du lundi de Françoise. [n.p. — sans éditeur], [n.d. — sans date]. 365 p.

Fleurs champêtres. [Préface de l'auteur]. Desaulniers, 1895. ii + 205 p.

> Gertrude Chassé, comp. «Bio-bibliographie de Françoise (Mlle Robertine Barry).» Préface de Mlle Colette Lesage. École de bibliothécaires, Université de Montréal, 1945. x + 67 p. (Microfilm)
>
> Marie Turgeon. *Robertine Barry en littérature : Françoise, Pionnière du journalisme féminin au Canada, 1863-1910.* Québec : [n.p. — sans éditeur], 1949. 159 p.

BARTHE, Joseph Guillaume

Le Canada reconquis par le France; suivi de Pièces justificatives. [Préface de l'éditeur]. [Introduction de l'auteur]. Paris : Ledoyen, 1855. xxxvi + 416 p.

Souvenirs d'un demi-siècle; ou, Mémoires pour servir à l'histoire contemporaine. J. Chapleau et fils, 1885. xvii + 482 p.

BARTHE, Ulric

Similia similibus; ou, La Guerre au Canada : Essai romantique sur un sujet d'actualité. Illustré de dessins hors texte par Charles Huot et L. Brouilly. Québec : Telegraph, 1916. 254 p.

1871-1890 : Wilfrid Laurier à la tribune. Québec : Turcotte et Ménard, 1890. xxxii + 617 p.

Wilfrid Laurier on the Platform. Québec : Turcotte et Ménard, 1890. xxxii + 624 p.

BASILE, Jean (pseud.) voir Bezroudnoff, Jean Basile

BASTIÈN, Hermas
Les Eaux grises. Le Devoir, 1919. 238 p.

BAUDOT, Jean A.
Dictionnaire du vocabulaire d'Alain Grandbois. Centre de Calcul de l'Université de Montréal, 1966. 903 p.

La Machine à écrire : Le Premier Recueil de vers libres rédigés par un ordinateur électronique. Suivi de commentaires de Alfred Des Rochers [et al.]. Éditions du Jour, [1964]. 95 p.

BAUDRY, Édouard
Rue Principale : I. Les Lortie: Roman. Valiquette, [1937]. 239 p.

BAUX, Raymond
Être de fer : Couronne d'épines. Éditions du Lys, 1964. 59 p.

BÉATRIX, F. Ernest
Des Histoires ... Iberville : (Livre d'histoires pour lecture silencieuse). Illustrations de F. Louis-Jérôme Légaré. Frères Maristes, 1951. 158 p.

BEAUCHEMIN, Nérée
Choix de poésies. [Préface de Clément Marchand]. Trois-Rivières : Bien Public, 1950. 211 p.
Les Floraisons matutinales. Trois-Rivières : Ayotte, 1897. 214 p.
Nérée Beauchemin. Textes choisis et présentés par Clément Marchand. [Introduction de Clément Marchand]. Fides, [1957]. 96 p.

>Marguerite Guillemette, comp. «Bio-bibliographie de Nérée Beauchemin, poète.» [n.p. — sans éditeur], [n.d. — sans date]. 52 p. (Microfilm)
>Marie-Thérèse Lavoie, comp. «Notes bio-bibliographiques sur Nérée Beauchemin.» École de bibliothécaires, Université de Montréal, 1948. 17 p. (Microfilm)

BEAUDÉ, Henri (Henri d'Arles, pseud.)
Arabesques. Paris : Dorbon aîné, 1923. 41 p.
Le Collège sur la colline. Paris : Rudeval, 1908. 95 p.
Eaux-fortes et tailles-douces. Québec : Laflamme & Proulx, [1913]. 333 p.

Essais et conférences. Québec : L'auteur, 1909. 322 p.

Estampes. Action française, 1926. 216 p.

Horizons. Action canadienne-française, 1929. 196 p.

Lacordaire. Québec : Laflamme & Proulx, 1911. 54 p.

Lacordaire : L'Orateur et le moine. 2e éd., corrigée, enrichie de notes, ornée d'un autographe. Manchester, N.H. : L'auteur. [Québec] : [Laflamme], [1912]. 104 p.

Louis Fréchette. [Présentation de l'éditeur-associé]. Toronto : Ryerson, 1924. 127 p.

Miscellanées. Carrier, 1927. 210 p.

Nos Historiens : Cours de critique littéraire professé à Montréal sous les auspices de l'Action Française. Action française, 1921. 243 p.

Tête d'étude. Paris : [n.p. — sans éditeur], 1906. [unpaged — sans pagination].

> Jean-Paul Labelle, comp. «Bio-bibliographie de Henri d'Arles.» [n.p. — sans éditeur], [n.d. — sans date]. 23 p. (Microfilm)

BEAUDOIN, Jean Gibéa

Guerre de sang; ou, Le Juif. Éditions du Lys, [1964]. 95 p.

BEAUDOIN-ALLAIRE, Mme A. (André Beaulair, pseud.)

Trois Nouvelles : Tragique Indiscrétion, par André Beaulair; *L'Ombre sur les ailes,* par Roselyne d'Avranche; *Conciergerie,* par Paulette Daveluy, Fides, 1948. 159 p.

BEAUGRAND, Honoré

La Chasse Galerie and Other Canadian Stories. [Pelletier], 1900. 101 p.

Contes d'autrefois. [par] Louis Fréchette, Honoré Beaugrand, Paul Stevens. Beauchemin, 1946. 274 p.

Jeanne la fileuse : Épisode de l'émigration franco-canadienne aux États-Unis. Fall River, Mass. : [n.p. — sans éditeur], 1878. vi + 7 + 300 p.

Jeanne la fileuse : Épisode de l'émigration franco-canadienne aux États-Unis. 2e éd. La Patrie, 1888. 330 p.

Lettres de voyage : France, Italie, Sicile, Malte, Tunisie, Algérie, Espagne. [Préface de l'auteur]. La Patrie, 1889. 350 p.

New Studies of Canadian Folk Lore. [Foreword by W. D. Lighthall]. Renouf, [1904]. 130 p.

Six Mois dans les Montagnes Rocheuses : Colorado, Utah, Nouveau-Mexique. Avec une préface de Louis Fréchette. Granger, 1890. 323 p.

> Lucie Lafrance, comp. «Bio-bibliographie de M. Honoré Beaugrand, 1849-1906.» Préface de M. Victor Morin. École de bibliothécaires, 1948. 67 p. (Microfilm)

BEAUGRAND-CHAMPAGNE, Louise
Kathmandou : Capriccio. Estérel, [1968]. 147 p.

BEAULAIR, André (pseud.) voir Beaudoin-Allaire, Mme A.

BEAULIEU, André
Les Journaux du Québec de 1764 à 1964. [par] André Beaulieu et Jean
Hamelin. Québec : Presses de l'Université Laval, 1965. 329 p.
(Cahiers de l'Institut d'Histoire, 6).

BEAULIEU, François
Pacte et complot : Roman. Trident, [n.d. — sans date]. 212 p.

BEAULIEU, Germain
Nos Immortels: Sic transit ... (Caricatures de bourgeois). Lévesque,
1931. 156 p.

BEAULIEU, Michel
Apatrides (Gestes II). Estérel, 1966. 42 p.
Érosions. Estérel, [1967]. 57 p.
Mère. Estérel, 1966. 13 p.
Le Pain quotidien : Poèmes. Ornés de sept dessins à l'encre de Jean
McEwan. Estérel, [1965]. 96 p.
Pour chanter dans les chaînes. Éditions la Québécoise, [c 1964]. [un-
paged — sans pagination].

BEAULIEU, Victor-Levy
Mémoires d'outre-tonneau. Estérel, [1968]. 190 p.

BEAUPRÉ, Charles Henri (Charles Henri Beaupray, pseud.)
Les Beaux Jours viendront. [Préface de Lionel Groulx]. Illustré de 16
gravures par M. Ls-Philippe Langlois. [Québec] : [Presses Sociales],
[1941]. 240 p.
Contes d'aujourd'hui. Québec : Action Catholique, [1943]. 218 p.

BEAUREGARD, Blanche (Lamontagne)
Au fond des bois : Récits en prose avec illustrations. [n.p. — sans édi-
teur], [n.d. — sans date]. 166 p.
Un Coeur fidèle : Roman canadien. Action française, 1924. 196 p.
Ma Gaspésie. Avec dessins de l'auteur. [n.p. — sans éditeur], 1928.
158 p.
La Moisson nouvelle. Action française, 1926. 192 p.
Par nos champs et nos rives. [Préface de Lionel Groulx]. Le Devoir,
1917. x + 189 p.

Récits et légendes. Beauchemin, 1922. 135 p.

Les Trois Lyres. Dessins de Berthe LeMoyne. Action française, 1923. 132 p.

La Vieille Maison. Action française, 1920. 219 p.

Visions gaspésiennes : Poésies couronnées par la Société du Parler Français au Canada. Préface de M. Arthur Rivard. [n.p. — sans éditeur], [1913]. 82 p.

> Marguerite Bélanger, comp. «Bibliographie de Mme Blanche Lamontagne-Beauregard.» [n.p. — sans éditeur], 1938. 30 p. (Microfilm)

BEAUREGARD, Cécile (Andrée Jarret, pseud.)

La Dame de Chambly : Roman canadien. Garand, 1925. 130 p.

Le Médaillon fatal : Roman canadien inédit. Illustrations d'Albert Fournier. Garand, [c 1924]. 56 p.

Le Secret de l'orpheline : Roman canadien inédit. Illustrations d'Albert Fournier. Garand, [c 1928]. 56 p.

BEAUSÉJOUR, Mme Hélène M. (Hélène, pseud.)

Au fil des heures bleues. Grand'Mère : [n.p. — sans éditeur], 1935. 153 p.

> Marguerite Allary, comp. «Bio-bibliographie de Madame Hélène Beauséjour, journaliste et femme d'oeuvres.» Trois-Rivières : [n.p. — sans éditeur], 1946. 50 p. (Microfilm)

BÉDARD, Pierre

D'un autre ordre : Poèmes. Éditions la Québécoise, 1965. 68 p.

BÉDARD, P. J.

Études et récits. Préface par Rémi Tremblay. Dumont, [n.d. — sans date]. 214 p.

BÉGUIN, Louis-Paul

Le Miroir de Janus. Sans le Sou, 1966. 91 p.

BÉLAND, André

Orage sur mon corps (Roman). éd. originale. Serge, 1944. 179 p.

BÉLANGER, J. A.

Mes Vers. [Préface de l'auteur]. Outaouais : Bureau, 1882. v + 217 p.

BÉLANGER, Marcel

Pierre de Cécité. Éditions Atys, [n.d. — sans date]. [unpaged — sans pagination].

Prélude à la parole. Déom, 1967. 73 p. (Poésie canadienne, 16).

BELLEAU, Joseph (Jean Bulair, pseud.)
Rencontres. Valiquette, [n.d. — sans date]. 179 p.

BELLEAU, Paul-Émile
Au fils des jours... Première Série. Québec : [n.p. — sans éditeur]. 1944. 50 p.

BELLEFONTAINE, Maria de (pseud.) voir Fortin, Blanche

BELLEMARE, Pierrette (Rouleau) (Claude Leclerc, pseud.)
Piège à la chair. Éditions la Québécoise, [1966]. 195 p.
Songe creux... réveil brutal. Éditions la Québécoise, [1964]. 77 p.
Toi. 2ᵉ éd. Champlain, [1964]. 35 p.

BELLERIVE, Georges
Brèves Apologies de nos auteurs féminins. Québec : Garneau, 1920. 137 p.
Conférences et discours de nos hommes publics en France. [Introduction de l'auteur]. Québec : L. Brousseau, 1902. xviii + 206 p.
Orateurs canadiens-français aux États-Unis : Conférences et discours. [Préface de l'auteur]. Québec : Chassé, 1908. 230 p.
Orateurs canadiens-français en Angleterre, en Écosse et en Irelande : Conférences et discours. Québec : Le Soleil, 1912. x + 117 p.

BENABEN, Jeanne Paul-Crouzet (Jeanne Paul-Crouzet)
Poésie au Canada : De nouveaux classiques français. Paris : Didier, [1946]. 372 p.

BENDER, Louis Prosper
Literary Sheaves; or, La Littérature au Canada français : The Drama, History, Romance, Poetry, Lectures, Sketches & c. Dawson, 1881. 215 p.

BENOÎT, Mme Emmanuel-Persillier
Julienne Lecomte, comp. «Essai de bibliographie de Mme Emmanuel-Persillier Benoît.» Préface de M. l'abbé N.-Paul Desrochers. [n.p. — sans éditeur], 1949. 29 p. (Microfilm)

BENOÎT, Heva
Un Coeur de Pierrot. Paris : Radot, [1927]. 188 p.

BENOÎT, Jacques
Jos Carbone. Éditions du Jour, 1967. 120 p.

BENOÎT, Marc

Les Aiguillons : Roman. [Préface de l'auteur]. [n.p. — sans éditeur], 1941. 124 p.

BENOÎT, Pierre

Martine Juillet, fille du roi. Fides, [c 1945]. 322 p.

Thérèse Beauregard, comp. «Bio-bibliographie de Monsieur Pierre Benoit.» Préface de Mlle Marie-Claire Daveluy. [n.p. — sans éditeur], 1947. 35 p. (Microfilm)

BENOÎT, Réal

La Bolduc. Préface de Doris Lussier. Éditions de l'Homme, [1959]. 123 p.

Le Marin d'Athènes. Cercle du Livre de France, 1966. 68 p.

Nézon. Contes illustrés par Jacques de Tonnancour. Parizeau, 1945. 129 p.

Quelqu'un pour m'écouter. Cercle du Livre de France, [1964]. 126 p.

La Saison des artichauts; suivi de Mes Voisins. Cercle du Livre de France, [1968]. 89 p.

BER, André

Ségoldiah ! Roman. Déom, [1964]. 248 p.

BÉRARD, Pierre

Alabama. Longueil : Image et Verbe, 1967. 28 p.

Élémentaires. Longueil : Image et Verbe, 1967. 35 p.

BÉRAUD, Jean

350 Ans de théâtre au Canada français. Cercle du Livre de France, [c 1958]. 316 p.

BERGERON, Jacqueline

Fantaisie poétique. Beauchemin, 1960. 62 p.

BERNARD, Anne

Cancer. Cercle du Livre de France, [1967]. 142 p.

La Chèvre d'or; suivi de Hécate. Cercle du Livre de France, [c 1966]. 196 p.

Le Soleil sur la façade. Cercle du Livre de France, [1967, c 1966]. 142 p.

BERNARD, Antoine

Laurette Langlois, comp. «Bio-bibliographie du R. F. Antoine Bernard, C.S.V., Professeur à l'Université de Montréal.» Préface du R. P. Alphonse de Grandpré, C.S.V. [n.p. — sans éditeur], 1945. 172 p. (Microfilm)

Michel Le Moignan. *Le Frère Antoine Bernard : Historien de la Gaspésie et du peuple acadien.* [Introduction de l'auteur]. Éditions Gaspésiennes, 1966. 123 p.

BERNARD, Harry

La Dame blanche. Action française, 1927. 222 p.

Dolorès : Roman. Lévesque, 1932. 223 p.

Essais critiques. Action canadienne-française, 1929. 196 p.

La Ferme des pins : Roman. Action canadienne-française, 1930. 206 p.

L'Homme tombé : Roman canadien. [n.p. — sans éditeur], 1924. 173 p.

Les Jours sont longs : Roman. Cercle du livre de France, [1951]. 183 p.

Juana, mon aimée : Roman. Granger, 1946. 212 p.

La Maison vide : Roman canadien. Action française, 1926. 203 p.

Le Roman régionaliste aux États-Unis, 1913-1940. Fides, 1949. xiii + 387 p.

La Terre vivante : Roman canadien. Action française, 1925. 214 p.

> Cécile Y. Lafresnière, comp. «Essais bibliographique de l'auteur canadien-français, Harry Bernard.» [n.p. — sans éditeur], [1958]. [unpaged — sans pagination]. (Microfilm)

BERNIER, Hector

Au large de l'écueil : Roman canadien. Québec : L'Événement, 1912. 319 p.

Ce que disait la flamme : Roman. [Préface de A. D. De Celles]. Québec : L'Événement, 1913. xii + 452 p.

BERNIER, Jovette-Alice (Mme Georges Rousseau)

La Chair décevante. Lévesque, 1931. 137 p.

Les Masques déchirés. Illustrations de M. Robert LaPalme. Lévesque, 1932. 142 p.

Mon Deuil en rouge. S. Brosseau, [1945]. 90 p.

On vend le bonheur. Action canadienne-française, 1931. 193 p.

Roulades. . . . Rimouski. Vachon, 1924. 102 p.

Tout n'est pas dit. Préface de Louis Dantin. Garand, 1929. 132 p.

> Jean-Yves Gendreau, comp. «Bio-bibliographie de Jovette-Alice Bernier.» [n.p. — sans éditeur], 1950. vii + 18 p. (Microfilm)

BERTHIAUME, André

La Fugue. Cercle du Livre de France, [1966]. 133 p.

BERTRAND, Camille

> Marie-Line Prud'homme, comp. «Bibliographie de Monsieur Camille Bertrand, archiviste paléographe aux archives nationales.» [n.p. — sans éditeur], 1946. 20 p. (Microfilm)

BERTRAND, Pierre

Un Point tôt surgi du sac de la mémoire baîlle. [L'auteur], [1967]. 49 p.

BESSETTE, Arsène

Le Débutant : Roman de moeurs du journalisme et de la politique dans la province de Québec. Ouvrage enrichi de nombreux dessins de Busnel, de deux dessins et d'un portrait de l'auteur par St. Charles. Canada français, 1914. 257 p.

BESSETTE, Gérard

La Bagarre : Roman. Cercle du Livre de France, [1958]. 231 p.

De Québec à Saint-Boniface : Récits et nouvelles du Canada français. Textes choisis et annotés par Gérard Bessette. Toronto : Macmillan, [1968]. 286 p.

Histoire de la littérature canadienne-française par les textes. [Préface des auteurs et de l'éditeur]. Les illustrations par Guy Viau et André Marchand reproduisent un certain nombre d'oeuvres de peintres et sculpteurs du Canada français. [par] Gérard Bessette, Lucien Geslin et Charles Parent. Centre éducatif et culturel, [c 1968]. 704 p.

Les Images en poésie canadienne-française. Beauchemin, 1960. 282 p.

L'Incubation : Roman. Déom, [1965]. 178 p.

Incubation. Translated from the French by Glen Shortliffe. Toronto : Macmillan, 1967. 143 p.

Le Libraire : Roman. Paris : Julliard, [c 1960]. 173 p.

Une Littérature en ébullition. Éditions du Jour, [c 1968]. 315 p.

Not for Every Eye : A Novel. Translated from the French by Glen Shortliffe. Toronto : Macmillan, 1962. 98 p.

Les Pédagogues. Cercle du Livre de France, [c 1961]. 309 p.

Poèmes temporels. Monte-Carlo : Regain, 1954. 59 p.

> Glen Shortliffe. *Gérard Bessette : L'Homme et l'écrivain.* [Faculté des lettres de l'Université de Montréal], [1965]. 39 p. (Conférences J. A. de Sève, 3).

BEZROUDNOFF, Jean Basile (Jean Basile, pseud.)

Le Grand Khan. Estérel, [1967]. 283 p.

Joli Tambour. [Préface de l'auteur]. Éditions du Jour, [1966]. 167 p.

Journal poétique, 1964-1965 : Élégie pour apprendre à vivre; suivi de pièces brèves. Éditions du Jour, 1965. 95 p.

La Jument des Mongols. Éditions du Jour, 1964. 179 p.

La Jument des Mongols. Paris : Grasset, [1966]. 221 p.

Lorenzo : Roman. Éditions du Jour, [1963]. 120 p.

BIBAUD, Adèle

Les Fiancés de Saint-Eustache. [n.p. — sans éditeur], 1910. 163 p.

BIBAUD, Maximilien

> Arthur Perrault, comp. «Bio-bibliographie de Maximilien Bibaud, avocat.» [Préface de Maréchal Nantel]. [n.p. — sans éditeur], 1942. 35 p. (Microfilm)

BIBAUD, Michel

Épîtres, satires, chansons, épigrammes, et autres pièces de vers. Ludger Duvernay, 1830. 178 p.

> Pauline Perrault, comp. «Bio-bibliographie de Michel Bibaud, journaliste, poète, historien.» Lettre-préface de Harry Bernard. École de bibliothécaires, 1951. xiii + 69 p. (Microfilm)
>
> Louis Wilfrid Sicotte. *Michel Bibaud.* Marchand, 1908. 30 p.

BIENVILLE, Louyse de (pseud.) voir Brodeur, Mme Donat

BIGNE, François de la voir La Bigne, François de

BILODEAU, Ernest

Chemin faisant, Voyages-Chroniques, Billets du soir. Préface de M. Léon de Tinseau. La Salle, 1962. xv + 285 p.

Un Canadien errant . . . Lettres parisiennes — croquis canadiens. Chroniques, voyages et fantaisies. Préface de M. l'abbé Thellier de Poncheville. Les Frères des Écoles Chrétiennes, 1947. 250 p.

> Thérèse Allard, comp. «Bio-bibliographie de M. Ernest Bilodeau, Bibliothécaire-adjoint du Parlement fédéral.» [n.p. — sans éditeur], 1945. xxv + 179 p. (Microfilm)

BILODEAU, Louis

Belle et grave : Roman. Beauchemin, [1963]. 169 p.

BIRON, Dolor

> Abbé Conrad Groleau, comp. «Essai de bio-bibliographie. Monsieur le chanoine Dolor Biron.» Travail polycopié par la Préfecture des Études. Séminaire Saint-Charles-Borromée. Sherbrooke : 1951. 18 p. (Microfilm)

BIRON, Edouard

Billets du soir : Impressions personnelles, scènes vécues, essais mystiques, philosophiques, psychologiques, humoristiques, études de moeurs, fantaisies, glanures éparses, esquisses. Éditions de l'Atelier, [n.d. — sans date]. 223 p.

BIRON, Hervé

Nuages sur les brûlés. Pilon, [n.d. — sans date]. 207 p.

Poudre d'or. Pilon, 1945. 191 p.

>Pauline Britten, comp. «Notes bio-bibliographiques sur Monsieur Hervé Biron.» Trois-Rivières : [n.p. — sans éditeur], 1947. 29 p.
>
>Denyse Legris, comp. «Notes bio-bibliographiques sur Monsieur Hervé Biron.» Louiseville : [n.p. — sans éditeur], 1950. 31 p.

BIRON, Luc André

Bio-bibliographie de Charles-Yvon Thériault, journaliste (1948-1956). Trois-Rivières : [n.p. — sans éditeur], 1961. 105 p.

BISSON, Laurence Adolphus

Le Romantisme littéraire au Canada français. Paris : Droz, 1932. 285 p.

BLAIN, Maurice

Approximations : Essais. H.M.H., 1967. 246 p.

BLAIS, Marie-Claire

La Belle Bête : Roman. Québec : I.L.Q., [c 1959]. 214 p.

David Sterne : Roman. Éditions du Jour, [c 1967]. 127 p.

The Day is Dark and Three Travellers. Two novellas by Marie-Claire Blais. Translated from the French by Derek Coltman. New York : Farrar, Straus, & Giroux, [1967]. 183 p.

L'Exécution : Pièce en deux actes. Éditions du Jour, 1968. 118 p.

Existences : Poèmes. Québec : Garneau, [1964]. 51 p.

L'Insoumise : Roman. Éditions du Jour, 1966. 126 p.

Le Jour est noir : Roman. Éditions du Jour, [c 1962]. 121 p.

Mad Shadows. [Translated from the French by Merloyd Laurence]. [Boston] : [Little, Brown], [1960]. 125 p.

Manuscrit de Pauline Archange : Roman. Éditions du Jour, 1968. 127 p.

Pays voilés : Poèmes. [Préface de Charles Moeller]. Québec : Garneau, [1963]. 44 p.

Pays voilés, Existences. Éditions de l'Homme, 1963. 87 p.

Une Saison dans la vie d'Emmanuel : Roman. Éditions du Jour, [1965]. 128 p.

Une Saison dans la vie d'Emmanuel : Roman. Paris : Grasset, [1966, c 1965]. 175 p.

A Season in the Life of Emmanuel. Translated from the French by Derek Coltman. Introduction by Edmund Wilson. New York : Farrar, Straus & Giroux, [1966]. ix + 145 p.

Tête blanche : Roman. Québec : I.L.Q., [1960]. 205 p.

Tête blanche. Translated by Charles Fullman. [Toronto] : McClelland & Stewart, 1961.

BLANCHARD, Étienne

Clair Doray, comp. «Bibliographie de M. l'abbé Étienne Blanchard.» [n.p. — sans éditeur], [n.d. — sans date]. 23 p. (Microfilm)

BLANCHET, Jean

Les Feux s'animent. Fides, 1946. 181 p.

BLONDIN, Alphonse

Nouveau Recueil de chansons comiques. Nouv. éd. Beauchemin, [n.d. — sans date]. 200 p.

BLUTHER, Floris

Marie-Anne la Canadienne. Québec : [n.p. — sans éditeur], 1913. 302 p.

BOILARD, Rosaire

Phosphorescence. [par] Rosaire Boilard [et autres]. Éditions Nocturne, 1965. 77 p.

BOILY, Béatrix

Sur la brèche. Ottawa : Chantecler, [1955, c 1954]. 264 p.

BOISSEAU, Lionel

Huit Heures et quart. Lumen, [1948]. 188 p.
La Mer qui meurt. Préface de Marie Le Franc. Éditions du Zodiaque, [1939]. 208 p.

BOISSEAU, Nicolas Gaspard

Mémoires de Nicolas Gaspard Boisseau. Lévis : [n.p. — sans éditeur], 1907. 86 p.

BOISSONNAULT, Mme Lucien

L'Huis du passé. [n.p. — sans éditeur], 1924. 211 p.

BOISVERT, Laurent

Les Aventures de grain de sel. Chantecler, 1953. 130 p.
Crédo d'un athée. Éditions Nocturne, 1959. 28 p.
Grain de sel au pays des Mau Mau. Sherbrooke : Apostolat de la Presse, [1959]. 119 p.

BOISVERT, Réginald

Le Temps de vivre. Illustrations de Anne Kahane. Cité libre, [1956, c 1955]. 44 p.

BOITEAU, Georges

Aux souffles du pays. Illustrations de Ernest Noreau. Québec : Éditions du Quartier Latin, [1949]. 90 p.

En marchant vers le nord. [Préface de l'auteur]. Québec : Éditions Tonti, 1948. 62 p.

Essor vers l'azur : Poèmes. [Préface d'Alphonse Desilets]. Éditions du Lévrier, 1946. 125 p.

La Vision des génies. Ancienne-Lorette : Éditions du Vieux Chêne, 1967. 57 p.

BONENFANT, Marie

Canadiennes d'hier : Lettres familières. [n.p. — sans éditeur], 1941. 221 p.

BORDUAS, Jean-Rodolphe

Jean-Rodolphe Borduas, comp. «Notes bibliographiques sur Jean-Rodolphe Borduas, généalogiste.» École de bibliothécaires, 1952. xi + 58 p. (Microfilm)

BOSCO, Monique

Un Amour maladroit. Gallimard, [1961]. 213 p.

Les Infusoires. H.M.H., 1965. 174 p.

BOSQUET, Alain

La Poésie canadienne. Alain Grandbois [et al.]. [Introduction de l'auteur]. Seghers, [1962]. 222 p.

La Poésie canadienne contemporaine de langue française. Alain Grandbois [et al.]. Éd. augm. H.M.H., [1966]. 271 p.

BOSSUS, Francis

Beautricourt. Cercle du Livre de France, [1968]. 130 p.

La Seconde Mort. Beauchemin, 1962. 186 p.

BOUCHARD, Arthur

Les Chasseurs de noix. Imprimerie Populaire, 1922. 323 p.

BOUCHARD, Georges

Other Days, Other Ways : Silhouettes of the Past in French Canada. Translated from *Vieilles Choses, vieilles gens* of Georges Bouchard. Woodcut decorations by Edwin H. Holgate. Carrier, 1928. 189 p.

Premières Semailles. Préface de M. l'abbé Camille Roy. Québec : Action sociale, 1917. 96 p.

Vieilles Choses, vieilles gens : Silhouettes campagnardes. [Préface de l'honorable Rodolphe Lemieux]. 2ᵉ éd. Beauchemin, 1926. 192 p.

Vieilles Choses, vieilles gens : Silhouettes campagnardes. [Lettre-préface de l'honorable Rodolphe Lemieux]. Bois gravés de Edwin H. Holgate. 3e éd. Carrier, 1929. 184 p.

    Lucille Larose, comp. «Notes bio-bibliographiques sur Monsieur Georges Bouchard, député fédéral, professeur d'agriculture.» École de bibliothécaires, 1949. 10 p. (Microfilm)

BOUCHER, André-Pierre

Chant poétique pour un pays idéal : Bilan de poésie 1956-1966. Éditions du Jour, [1966]. 109 p.

Fuites intérieures. Éditions d'Orphée, [1956]. 95 p.

Matin sur l'Amérique. Éditions d'Orphée, [c 1958]. 51 p.

BOUCHER, Gédéon

    Irène Lapointe, comp. «Bio-bibliographie de Gédéon Boucher, L. M. Ex-Professeur au Collège de l'Assomption.» École de bibliothécaires, 1948. 13 p. (Microfilm)

BOUCHER, Georges A.

Chants du nouveau monde. [Introduction de l'auteur]. 2e éd. Brockton, Mass. : 1950. 178 p.

Je me souviens : Poèmes. [Préface de Louis Dantin]. Beauchemin, 1937. 111 p.

    Thérèse Roch, comp. «Bio-bibliographie de M. le Dr Georges-A. Boucher.» Préface de M. J.-A. Brunet. [Lettre manuscrite de G.-A. Boucher]. École de bibliothécaires, 1946. xxi + 79 p. (Microfilm)

BOUCHERVILLE, Georges de

Une de perdue, deux de trouvées. Beauchemin, 1913. 363 p.

    Marie-Ange Riopel, comp. «Bibliographie de Georges Boucher de Boucherville, avocat : Précédée d'une notice biographique.» [Préface de l'auteur]. École des bibliothécaires de l'Université de Montréal, 1945. 30 p. (Microfilm)

BOUCHETTE, Robert Errol

Robert Lozé : Nouvelle. Pigeon, 1903. 170 p.

    Clorinde de Serres, comp. «Bio-bibliographie de Errol Bouchette.» [n.p. — sans éditeur], 1944. 39 p. (Microfilm)

BOUCHETTE, Joseph

    Marc-Aimé Guérin, comp. «Le Lieutenant-Colonel et Arpenteur Général du Bas Canada, Joseph Bouchette, Père.» École de bibliothécaires, 1951. xiii + 111 p. (Microfilm)

BOUDOU, Jean-Raymond
Arc-en-ciel : Poèmes. Beauchemin, [1960]. 110 p.

BOUHIER, Louis
Soeur Sainte-Gilberte, F.C.S.C.J., comp. «Essai bio-bibliogra-
phique de Monsieur Louis Bouhier, P.S.S., ancien curé de
Notre-Dame de Montréal.» [Lettre-préface de Mgr Leon
Bouhier]. Rock-Island : [n.p. — sans éditeur], 1951. 54 p.
(Microfilm)

BOULANGER, Georges
Fleurs du Saint-Laurent : Poésies. [Préface de l'auteur]. Québec :
Éditions Canadiennes, 1929. xii + 147 p.
L'Heure vivante : Poésies. [Préface de Louis-Joseph Doucet]. [Beauce-
ville] : [L'Éclaireur], 1926. 113 p.

BOULET, Raymond M.
Celle qui n'a rien oublié. Dessins de Gilles Lamer. [Trois-Rivières] :
Bien Public, 1955. 125 p.

BOULIZON, Guy (Saint-Andoche, pseud.)
Anthologie littéraire : Pages choisies d'auteurs français, canadiens, belges.
Beauchemin, 1959, 2 vols.
Les Contes du Mont-Tremblant. Beauchemin, 1958. 107 p.
Contes et récits canadiens d'autrefois. Illustrations de É. J. Massicotte.
Beauchemin, 1961. 184 p.
*Livres roses et séries noires : Guide psychologique de la littérature
de jeunesse.* Beauchemin, 1957 . 188 p.
250 Histoires comiques. Beauchemin, 1958. 106 p.

BOULIZON, Jeanne et Guy
Poésies choisies pour les jeunes. Beauchemin, 1955. 295 p.

Laure Bergeron. «Bio-bibliographie de Guy Boulizon, com-
missaire scout de France.» Préface de M. J. Salet. Granby :
[n.p. — sans éditeur], 1946. vii + 32 p. (Microfilm)

BOURASSA, Joseph-Napoléon-Henri
Jeanne Beaudet, comp. «Essai de bio-bibliographie sur la per-
sonne et l'oeuvre littéraire, oratoire et politique de M. Joseph-
Napoléon-Henri Bourassa, écrivain, journaliste et homme
politique.» [n.p. — sans éditeur], [n.d. — sans date].
42 p. (Microfilm)

BOURASSA, Napoléon
Jacques et Marie : Souvenir d'un peuple dispersé. 2e éd. [Prologue de
N. Bourassa]. Librairie Saint-Joseph, 1886. 290 p.

Lettres d'un artiste canadien : N. Bourassa. Bruges : Desclée de Brouwer, [1929]. 496 p.

> Suzanne Beaudet, comp. «Bio-bibliographie de M. Napoléon Bourassa.» [n.p. — sans éditeur], 1944. 28 p. (Microfilm) Marguerite Grondin, comp. «Notes bio-bibliographiques sur Monsieur Napoléon Bourassa, écrivain et artiste.» [n.p. — sans éditeur], 1948. 8 p. (Microfilm)

BOUSQUET, Jean

Mon Ami Georges. Éditions du Lévrier, 1960. 204 p.

BOUTET, Mme Antoine

A travers mes souvenirs. [Préface de l'auteur]. Thérien, 1929. 158 p.

BRABANT, Antoine

Brouillons poétiques : Inédits. [n.p. — sans éditeur], 1934. 32 p.
Les Trois Amours : Poèmes. [n.p. — sans éditeur], 1943. 138 p.

BRASSARD, Adolphe

Les Mémoires d'un soldat inconnu : Roman. [n.p. — sans éditeur], 1939. 208 p.
Péché d'orgueuil : Roman. Imprimerie des Sourds-Muets, 1935. 262 p.
Racisme meurtrier : Roman. Apostolat de la Presse, [n.d. — sans date]. 208 p.

BRASSARD, Roland

L'Enclume de cristal. Québec : Éditions du Soc, [1968]. 303 p.
Esquisses. Québec : Garneau, [c 1965]. 123 p.

BRAULT, Adrien

> Huguette Pilon, comp. «Essai de bio-bibliographie. Monsieur l'abbé Adrien Brault.» [n.p. — sans éditeur], 1958. iii + 8 p. (Microfilm)

BRAULT, Jacques

Mémoire. Déom, [1965]. 79 p.
Mémoire. Paris : Grasset, [1968]. 108 p.
Miron le magnifique. [Université de Montréal], [1966]. 44 p. (Conféences J.A. de Sève, 6).
Nouvelles. [par] André Major, Jacques Brault et André Brochu. A.G. E.U.M., 1963. 139 p.
Trinôme : Poèmes. [par] Richard Pérusse, Jacques Brault [et] Claude Mathieu. Molinet, 1957. 57 p.

BRAULT, Marie-Claire

Ni queue ni tête. Éditions de l'Homme, [1962]. 91 p.

BRAZEAU, Mme Jacques (Alma de Chantal)

L'Étrange Saison. Beauchemin, 1960. 58 p.

Miroirs Fauves : Poèmes. Illustrations de Kazuo Nakamura. Québec : Garneau, [1968]. 61 p.

BRETON, Paul-Émile

Le Grand Chef des prairies : Le Père Albert Lacombe, O.M.I., 1827-1916. [Préface de Henri Routhier]. Edmonton : L'Ermitage, 1954. 232 p.

BRETON, Valentin-M.

R.P. Herménégilde Langevin, O.F.M., comp. «Bio-bibliographie du R.P. Valentin-M. Breton, O.F.M.» [n.p. — sans éditeur], [n.d. — sans date]. 28 p. (Microfilm)

BRIE, Albert

Les Propos du timide. [Préface de Paul Legendre]. Éditions de l'Homme [1965]. 94 p.

BRIEN, Roger

Chant d'amour : Poèmes. Fides, [1942]. 135 p.

Chemin de croix à trois (le Christ, la Vierge et l'Homme) : Poème. [Lettre-préface de Albini Lafortune]. Nicolet : Centre marial canadien, [1947]. 115 p.

Faust aux enfers : Poèmes. Totem, [1936]. 167 p.

Le Jour se lève : Oeuvres poétiques. Trois-Rivières : Bien Public, 1965. 459 p.

Prométhée : Dialogues des vivants et des morts — Poème philosophique en sept journées et trente-trois parties; Quelque Cinq Cents Génies, héros et saints et autres personnages célèbres de l'histoire universelle dialoguent. Trois-Rivières : Bien Public, 1965. 4 vols.

Sourires d'enfants : Poèmes. Fides, [n.d. — sans date]. 167 p.

Ville-Marie : Poème. Fides, [n.d. — sans date]. 78 p.

Vols et plongées : Poèmes. Nicolet : Centre marial canadien, 1956. 129 p.

Les Yeux sur nos temps : Poèmes. Fides, [n.d. — sans date]. 150 p.

Fortunate Brien, comp. «Bio-bibliographie de Roger Brien, de l'Académie canadienne-française.» Préface du chanoine Lionel Groulx de l'Académie canadienne-française. École de bibliothécaires, 1945. 306 p. (Microfilm)

Clotilde Rainville, comp. «Bio-bibliographie de M. Roger Brien.» Préface de M. Léo-Paul Desrosiers, Conservateur de la Bibliothèque municipale de Montréal et membre de la Société Royale.» École de bibliothécaires, 1943. 52 p. (Microfilm)

BRILLANT, Jacques (Jabry, pseud.)

Le Jardin de nuit. Rimouski : Société Ameuroasie, 1960. 45 p.

Soeur Jeanne à l'abbaye. Éditions du Jour, [1967]. 88 p.

BROCHU, André

Délit contre délit. A.G.E.U.M., [1965]. 57 p. (Cahier 11 de l'A.G.E. U.M.).

Étranges Domaines. par André Brochu, J.-André Contant et Yves Dubé. Préface de Germaine Guèvremont. Éditions de la Cascade, 1957. [unpaged — sans pagination].

La Littérature par elle-même. [Textes de Gérard Bessette et autres présentés par André Brochu]. A.G.E.U.M., [c 1962]. 62 p. (Cahier 2 de l'A.G.E.U.M.).

Nouvelles. [par] André Major, Jacques Brault, et André Brochu. A.G. E.U.M., 1963. 139 p.

Privilèges de l'ombre. Éditions de l'Hexagone, [1961]. 37 p.

BRODEUR, Marie Louise (Louyse de Bienville, pseud.)

Figures et paysages. Préface de Édouard Montpetit. Beauchemin, 1931. v + 238 p.

BRONNER, Frédéric Jean Lionel

L'Espion du Nord. [par] Eugène Achard [et] Frédéric Bronner. Librairie Générale Canadienne, [1954]. 190 p.

BROSSARD, Nicole

L'Écho bouge beau. Estérel, [1968]. 50 p.

Mordre en sa chair. Estérel, [1966]. 56 p.

BRUCHÉSI, Jean

Aux marches de l'Europe. Préface de M. Édouard Montpetit avec une carte de LaPalme et vingt photographies. Lévesque, 1932. 320 p.

Brève Histoire d'une longue amitié. Éditions des Dix, 1959. 28 p.

Le Canada français dans le monde. Société Saint-Jean Baptiste de Montréal, 1951. 30 p.

Évocations. Lumen, [1947]. 213 p.

Rappels. Valiquette, 1941. 233 p.

Voyages ... Mirages. Beauchemin, 1957. 236 p.

> Gisèle Bonenfant, comp. «Notes bio-bibliographiques sur Jean Bruchési, sous-secrétaire de la Province et membre de la Société Royale.» École de bibliothécaires, 1947. 19 p. (Microfilm)
>
> Fernande Loranger, comp. «Bio-bibliographie de Monsieur Jean Bruchési, sous-secrétaire de la Province de Québec.» [n.p. — sans éditeur], [1940]. 55 p. (Microfilm)

BRUGEL, André (pseud.) voir Lachapelle, Paul

BRUNET, Berthelot

Chacun sa vie : Critique. [Excelsior], 1942. 161 p.

Histoire de la littérature canadienne-française. Éditions de l'Arbre, [1946]. 186 p.

Les Hypocrites : La Folle Expérience de Philippe : Roman. Éditions de l'Arbre, 1945. 238 p.

Le Mariage blanc d'Armandine : Contes. Éditions de l'Arbre, 1943. 210 p.

> Marguerite Brunet, comp. «Bio-bibliographie de Berthelot Brunet.» Préface de M. Robert Charbonneau. [n.p. — sans éditeur], 1945. xviii + 138 p. (Microfilm)
> Paul Toupin. *Les Paradoxes d'une vie et d'une oeuvre.* [Préface de Marcel Valois]. Cercle du Livre de France, [c 1965]. 138 p.
> Paul Toupin. *Rencontre avec Berthelot Brunet.* Fides, 1950. 43 p.

BRUNET, Yves Gabriel

Les Hanches mauves. Éditions Atys, [1961]. 78 p.

BRUNNER, Albert

Satires et poèmes. Valiquette, [n.d. — sans date]. 189 p.

BUGNET, Georges (Henri Doutremont, pseud.)

La Forêt : Roman. Totem, [1935]. 239 p.

Le Lys de sang : Roman canadien inédit. Illustrations de A. Fournier. Garand, [c 1923]. 64 p.

Nipsya : Grand roman canadien inédit. Illustrations de A. Fournier. Garand, [c 1924]. 80 p.

Nipsya. Translated from the French by Constance Davies Woodrow. New York : Carrier, [1929]. 285 p.

Siraf, Étranges Révélations, Ce qu'on pense de nous par delà la lune. Totem, [1934]. 187 p.

Voix de la solitude. Totem, [1938]. 145 p.

> Simone Paula (Brisson) Farquhar. «Anthe ou l'ouest canadien dans l'oeuvre de Maurice Constantin-Weyer et de Georges Bugnet.» M.A. thesis, University of British Columbia, 1966. v + 150 p.
> Alice Giroux, comp. «Bio-bibliographie de Georges Bugnet.» Préface par l'abbé Arthur Maheux. [n.p. — sans éditeur], 1946. 27 p.

BUIES, Arthur

Anglicismes et canadianismes. Québec : Darveau, 1888. 106 p.

Arthur Buies, 1840-1961. Textes présentés et annotés par Léopold Lamontagne. Fides, [1959]. 93 p.

Au portique des Laurentides: Une Paroisse moderne, Le Curé Labelle. Québec : Darveau, 1891. 96 p.

Chroniques canadiennes : Humeurs et caprices. Éd. nouv. [Préface de l'auteur]. Senécal & Fils, [1884]. 446 p.

Chroniques, humeurs, et caprices. [Préface de l'auteur]. Éd. nouv. Québec : Darveau, 1873. vii + 399 p.

Chroniques, voyages, etc. Éd. nouv. Québec : Darveau, 1875. 2 vols.

L'Outaouais supérieur. Québec : Darveau & Fils, 1889. 309 p.

Petites Chroniques pour 1877. Québec : Darveau, 1878. xxxvi + 162 p.

Québec en 1900 : Conférence donnée à L'Académie de Musique de Québec lundi, le 29 mai 1893. Québec : L. Brousseau, 1893. 65 p.

Question franco-canadienne (Construction de navires français au Canada — commerce de vins avec la France). [n.p. — sans éditeur], 1877. 13 p.

Récits de voyages : Sur les Grands Lacs — A travers les Laurentides — Promenades dans le vieux Québec. Québec : Darveau, 1890. 271 p.

Réminiscences. [Québec] : [n.p. — sans éditeur], [1892]. 110 p.

Le Saguenay et la vallée du lac St. Jean : Étude historique, géographique, industrielle et agricole. Québec : Côté, 1880. xvi + 342 p.

Le Saguenay et le bassin du lac Saint-Jean : Ouvrage historique et descriptif. 3ᵉ éd. Québec : L. Brousseau, 1896. 420 p.

Sur le parcours du chemin de fer du lac St-Jean. 1ᵉʳᵉ conférence faite à la Salle Victoria, le 31 mars 1886. Québec : Côté, 1886. 40 p.

Sur le parcours du chemin de fer du lac St-Jean. 2ᵉ conférence faite à la Salle St. Patrick, le 28 avril 1887. Québec : Darveau, 1887.

La Vallée de la Matépédia : Ouvrage historique et descriptif. Québec : L. Brousseau, 1896. 54 p.

> Raymond Douville. *La Vie aventureuse d'Arthur Buies.* Lévesque, [1933]. 184 p.
>
> Marcel-A. Gagnon. *Le Ciel et l'enfer d'Arthur Buies.* Québec : Presses de l'Université Laval, 1965. 360 p.
>
> ———. *La Lanterne d'Arthur Buies : Propos révolutionnaires et chroniques scandaleuses, confessions publiques.* Textes choisis et commentés par Marcel-A. Gagnon. Éditions de l'Homme, [1964]. 253 p.
>
> Léopold Lamontagne. *Arthur Buies, homme de lettres.* Québec : Presses Universitaires Laval, 1957. 258 p.
>
> Rachel Tessier, comp. «Bio-bibliographie de M. Arthur Buies.» Préface de M. Arthur Buies, fils. École des bibliothécaires, Université de Montréal, 1943. xxviii + 36 p. (Microfilm)

BUISSERET, Irène de

L'Homme périphérique : Roman. Éditions à la Page, [1963]. 143 p.

BUJOLD, Françoise
Au catalogue des solitudes. Éditions Erta, [1956]. 24 p.
La Fille unique. Avec trois bois originaux gravés par l'auteur. Goglin, [1958]. [unpaged — sans pagination].
Une Fleur debout dans un canot. Éditions Sentinelle, 1962. 29 p.

BULAIR, Jean (pseud.) voir Belleau, Jean

BULIARD, Roger
Inuk. [Introduction by Msgr Fulton J. Sheen]. [New-York] : Farrar, Straus and Young, [1951]. ix + 322 p.
Inuk. 2ᵉ éd. (rev.). London : Macmillan, 1960. 314 p.
Nanouk. 2ᵉ éd. Illustrations de Bernard Baray. Paris : Éditions Fleurus, 1956. 126 p.

BUREAU, Jean
Devant toi. Fomalhault, [c 1967]. 347 p.

BUSSIÈRES, Arthur de
Les Bengalis : Poèmes épars. Recueillis par Casimir Hébert. [Préface de Jean Charbonneau]. Garand, 1931. 141 p.

BUSSIÈRES, Simone
L'Héritier : Roman. Québec: Éditions du Quartier Latin, [1951]. 195 p.

CABIAC, Pierre
Feuilles d'érable et fleurs de lys : Anthologie de la poésie canadienne-française. [Préface de François Hertel]. Paris : Diaspora française, [1965-1966]. 2 vols.

CADIEUX, Léo (Guy d'Arvor, Pseud.)
Au jardin du coeur. Saint-Jérôme : Labelle, 1927. 86 p.

CADIEUX, Marcel
Embruns. Cercle du Livre de France, [1951]. 160 p.
Premières Armes. Cercle du Livre de France, [1951]. 206 p.

CAMPAGNA, Dominique
Mes Poèmes. [En guise de préface — François Thibault]. Photos RIC. [Bonaventure] : [Madame Alberte Campagna], 1949. 64 p.

CAOUETTE, Jean-Baptiste
Une Intrigante sous le règne de Frontenac (Nouvelle). Québec : [n.p. — sans éditeur], 1921. 145 p.

Vieux Muet; ou, Un Héros de Chateauguay. Avec une préface de M. l'abbé P. E. Roy. Québec : Le Soleil, 1901. viii + 412 p.

Les Voix intimes : Premières Poésies. Avec une préface de Benjamin Sulte. Québec : Demers, 1892. 310 p.

CARBONNEAU, René
Le Destin de Frère Thomas : Roman. Éditions de l'Homme, [1963]. 157 p.

CARDINAL, Léo (Paul Andrinet, pseud.)
Mélodies sur cordes libres (Poèmes). [Préface de Guy Boulizon]. Éditions de l'Atelier, 1956. 79 p.

CARIGNAN, Olivier
Les Sacrifiés : Roman. Carrier, 1927. 228 p.

CARMEL, Aimé
Sur la route d'Oka : Roman. 3e éd. [Imprimerie Saint-Joseph], 1952. 221 p.

CARON, Albert Ena
Les Mauvais Bergers. Éditions de l'Homme, [1964]. 157 p.

CARON, Louis
Silex 2. [par] Olivier Marchand, Pierre Châtillon et Louis Caron. Éditions Atys, 1960. [unpaged — sans pagination].

CARON, Napoléon
> Marguerite Loranger, comp. «Bio-bibliographie de Monseigneur Napoléon Caron.» Lettre-préface de M. l'abbé Albert Tessier, professeur à l'Université Laval. [n.p. — sans éditeur], 1943. 63 p. (Microfilm)

CARON-DUPONT, Juliette
L'Homme aux trois femmes : Jeu inspiré de thèmes folkloriques indiens et français. En un prologue et un acte. Dessins de Robert Langstadt. [par] Marius Barbeau [et] Juliette Caron-Dupont. Beauchemin, 1945. 48 p.

CARRÉ, Joseph-François Xavier (Jean Desbois, pseud.)
Journal d'un étudiant. Garand, 1925. 151 p.

CARRIER, Roch
Cherche tes mots, cherche tes pas. [Préface de l'auteur]. Éditions Nocturne, 1958. [unpaged — sans pagination].

La Guerre, yes sir! Roman. Éditions du Jour, [1968]. 124 p.

Les Jeux incompris : Poèmes. Éditions Nocturne, 1956. 22 p.

Jolis Deuils : Petites Tragédies. Éditions du Jour, [1964]. 157 p.

CARRIÈRE, Gabrielle

> Monique Primeau, comp. «Essai bio-bibliographique de Mlle Gabrielle Carrière, du Ministère des Postes.» [Lettre-préface de Jean-Jacques Lefebvre]. Université de Montréal : École de bibliothécaires, 1953. viii + 22 p. (Microfilm)

CARTIER, Georges

Hymnes-Isabelle. Éditions de Muy, [1954]. 86 p.

La Mort à vivre (Prix Interfrance 1954). Malines : C.E.L.F., 1955. 44 p.

Obscure Navigation du temps : Poème autographe. [n.p. — sans éditeur], [1956]. [unpaged — sans pagination].

Le Poisson pêché : Roman. Cercle du Livre de France, [c 1964]. 229 p.

CASAVANT, Richard

Le Matin de l'infini. Ottawa : Coin du Livre, 1967. 49 p.

Symphonie en blues. Hull : Sans le Sou, 1965. 55 p.

CASGRAIN, Henri-Raymond

Un Contemporain, A. E. Aubry. Québec : Desbarats, 1865. 103 p.

Un Contemporain, G. B. Faribault. Québec : L. Brousseau, 1867. 123 p.

Une Excursion à l'Ile aux Coudres. Beauchemin, [c 1917]. 134 p.

F.-X. Garneau et Francis Parkman. Beauchemin, 1926. 123 p.

Les Héros de Québec. Illustré d'après des documents anciens. Tours : Maison Alfred Mame et fils, [1931]. 334 p.

Légendes canadiennes et variétés. [Préface de l'auteur]. Beauchemin et fils, 1896. 580 p.

Légendes canadiennes. Québec : J. T. Brousseau, 1861. 425 p.

Octave Crémazie. Beauchemin, 1912. 138 p.

Oeuvres complètes de l'abbé H. R. Casgrain. Beauchemin, 1896-97. 4 vols. (tome 1 : *Légendes canadiennes et variétés;* tome 2 : *Biographies canadiennes;* tome 3 : *Histoire de la vénérable Mère Marie de l'Incarnation;* tome 4 : *Histoire de l'Hôtel-Dieu de Québec)*

Opuscules. Québec : Côté, 1876. 199 p.

Un Pélerinage au pays d'Évangéline. 2ᵉ éd. Québec : L. J. Demers & frère, 1888. 544 p.

> Charles Rogeau, comp. «Bio-bibliographie de l'abbé H. R. Casgrain.» [n.p. — sans éditeur], 1940. 78 p. (Microfilm)

CAZELAIS, Clément

Conseils à mon grand-père : Une Oeuvre de jeunesse. [Cité des Livres], [1964]. 71 p.

Les Révélations. Cité des Livres, 1965. 109 p.

CERBELAUD-SALAGNAC, Georges
Le Canon tonne à Saint-Eustache : Roman. Fides, 1953. 130 p.
Un Hivernage à Stadaconé (1535-1536). Fides, [1953]. 123 p.

CHABOT, Cécile
Légende mystique. Illustrations de l'auteur. Société des Écrivains Canadiens, 1942. 43 p.
Vitrail : Poèmes. Illustrations de l'auteur. [Préface de Émile Coderre]. Valiquette, [1940]. 127 p.

> Claude Bernard Trudeau, comp. «Bio-bibliographie de Cécile Chabot de la Société royale du Canada.» [n.p. — sans éditeur], 1948. 109 p. (Microfilm)

CHABOT, Juliette
Bio-bibliographie d'écrivains canadiens-français. Bibliothèque de la Ville de Montréal, 1948. 12 p.

CHAGNON, Louis-Joseph
La Chanson des érables : Poésies. Préface du chanoine Émile Chartier, Vice-recteur de l'Université de Montréal. Le Devoir, 1925. 179 p.

CHALIFOUX, Cécile

> Aline Le Sage, comp. «Bio-bibliographie de Cécile Chalifoux.» Préface du R. P. Léonard-Marie Puech. École de bibliothéconomie, 1946. xi + 203 p. (Microfilm)

CHAMBERLAND, Paul
L'Afficheur hurle : Poème. Parti Pris, [1965, c 1964]. 78 p.
Genèses. [A.G.E.U.M.], [1962]. 94 p. (Cahier no. 3 de l'A.G.E.U.M.).
L'Inavouable : Poème. [Parti Pris], [1968, c 1967]. 118 p.
Les Pays. [par] Paul Chamberland, Ghislain Côté, Nicole Drassel, Michel Garneau, André Major. Déom, [1963]. 71 p.
Terre Québec. Déom, [1964]. 77 p.

CHAMPAGNE, Maurice
Suite pour amour : Légende poétique en trois épisodes, 1966-67. Éditions du Jour, [1968]. 113 p.

CHAMPAGNE, Monique
Sous l'écorce des jours : Nouvelles. H.M.H., 1968. 171 p.

CHAMPOUX, Paul-Émile
Les Trois Lueurs : La Nature, l'Homme, Dieu. [Préface de l'auteur]. [Perrault], 1924. 111 p.

CHANTAL, Alma de (pseud.) voir Brazeau Mme Jacques

CHAPDELAINE, Jacques

Trans-terre : Poèmes et chants. Éditions du Lys, [1963]. 53 p.

CHAPMAN, William

Les Aspirations : Poésies canadiennes. Paris : Librairies-Imprimeries réunies, 1904. 353 p.

Les Feuilles d'érable : Poésies canadiennes. Gebhardt-Berthiaume, 1890. 241 p.

Les Fleurs de givre. Paris : Revue des Poètes, 1912. 242 p.

Le Lauréat : Critique des oeuvres de M. Louis Fréchette. Québec : L. Brousseau, 1894. xvi + 323 p.

Les Québecquoises. Québec : Darveau, 1876. 223 p.

Les Rayons du nord : Poésies canadiennes. Paris : Revue des Poètes, [1909]. 258 p.

William Chapman. Textes présentés et annotés par Jean Ménard. Fides, [1968]. 95 p.

CHAPUT-ROLLAND, Solange

Chers Ennemis. [par] Solange Chaput-Rolland et Gwethalyn Graham. [Préface des auteurs]. Éditions du Jour, [1963]. 126 p.

Dear Enemies : A Dialogue on French and English Canada. By Gwethalyn Graham & Solange Chaput-Rolland. Toronto : Macmillan, 1963. 112 p.

My Country, Canada or Quebec? Foreword by W. L. Morton. Toronto : Macmillan, 1966. xi + 122 p.

CHARBONNEAU, Hélène (Marthe des Serres, pseud.)

L'Albani, sa carrière artistique et triomphale. Préface de Victor Morin. [Cartier], [1938]. 171 p.

Châteaux de cartes. Dessins par Adrien Hébert. Ducharme, [n.d. — sans date]. 105 p.

Opales. Ducharme, [1924]. 59 p.

> Germaine Théoret, comp. «Bibliographie de Mlle Hélène Charbonneau.» [n.p. — sans éditeur], 1938. 20 p. (Microfilm)

CHARBONNEAU, Jean

L'Age de sang. Paris : Lemerre, 1921. 246 p.

Les Blessures. Paris : Lemerre, 1912. 228 p.

L'École littéraire de Montréal : Ses Origines, ses animateurs, ses influences. [Préface de Louis Dantin]. Lévesque, [1935]. 319 p.

La Flamme ardente : Poèmes. [Beauchemin], [n.d. — sans date].
240 p.

Des influences françaises au Canada. Beauchemin, [1916-1920]. 3 vols.

L'Ombre dans le miroir : Poèmes. [n.p. — sans éditeur], 1924. 255 p.

Les Prédestinés : Poèmes de chez nous. Beauchemin, [1923]. 223 p.

Sur la borne pensive : L'Écrin de Pandore (Poèmes). Paris : Lemerre,
[1952]. 246 p.

Tel qu'en sa solitude : Poèmes. Valiquette, Action canadienne-française,
[1940]. 198 p.

> Francine Lacroix, comp. «Bio-bibliographie de Jean Charbon-
> neau.» [Préface de M. Jean-Marie Nadeau]. [n.p. — sans
> éditeur], 1943. viii + 72 p.
>
> Solange Létourneau, comp. «Notes bio-bibliographiques sur
> M. Jean Charbonneau, membre de la Société royale du
> Canada.» [n.p. — sans éditeur], 1948. 18 p. (Microfilm)

CHARBONNEAU, Robert

Aucune Créature : Roman. Beauchemin, [c 1961]. 178 p.

Chronique de l'âge amer. Éditions du Sablier, [c 1967]. 144 p.

Connaissance du personnage. Éditions de l'Arbre, [1944]. 193 p.

Les Désirs et les jours : Roman. Éditions de l'Arbre, [1948]. 249 p.

Fontile : Roman. Éditions de l'Arbre, [1945]. 201 p.

*La France et nous : Réponses à Jean Cassou, René Garneau, Louis
Aragon, Stanislas Fumet, André Billy, Jérôme et Jean Tharaud,
François Mauriac et autres.* Éditions de l'Arbre, [1947]. 77 p.

Le Serpent d'Airain : Ils posséderont la terre : Roman. Éditions de
l'Arbre, [1941]. 221 p.

> Madeleine Blanche Ellis. *Robert Charbonneau et la création
> romanesque : Une Étude de textes.* [Préface de Benoît
> Lacroix]. Éditions du Lévrier, 1948. 62 p.
>
> Roger Larue, comp. «Robert Charbonneau : Bio-bibliogra-
> phie.» [n.p. — sans éditeur], 1945. 35 p. (Microfilm)

CHARBONNEAU, Rolande (Major)

Dans mes souliers rouges : Poèmes (1950-1957). Éditions Clair-Flo,
[n.d. — sans date]. 43 p.

CHARBONNIER, Félix (François Provençal, pseud.)

La Crise : Roman canadien inédit. Illustrations d'Albert Fournier.
Garand, [c 1929]. 64 p.

Fleur lointaine : Roman canadien inédit. Illustrations d'Albert
Fournier. Garand, [c 1926]. 76 p.

CHARETTE, Yvonne

Nuances. [Préface de Marie-J. Gérin-Lajoie]. Le Devoir, 1919. 135 p.

CHARLAND, Paul Victor

Questions d'histoire littéraire : Mises en rapport avec le programme de l'Université Laval. Nouv. éd. Revue par le R.P. Paul-Victor Charland, membre de la Société royale du Canada. Lévis : Mercier, 1899. xiii + 511 p.

CHARLAND-OSTIGUY, Ella

Au fil du temps : Poèmes. Québec : Revue Eucharistique Mariale et Antonienne, [1949]. 147 p.

CHARLEBOIS, Arthur

Frère Romuald, S.C., comp. «Essai de bio-bibliographie : Monsieur Arthur Charlebois.» Université de Montréal, École de bibliothécaires, 1953. 22 p. (Microfilm)

CHARPENTIER, Gabriel

Le Dit de l'enfant mort. Paris : Seghers, [1954]. 35 p.

CHARPENTREAU, Jacques

La Chanson française. [par] Jacques Charpentreau [et al.]. [Préface de Guy Mauffette]. Bellarmin, [1965]. 136 p.

CHARTIER, Émile

Pages de combat : Première Série : Études littéraires. L'École Catholique des Sourds-Muets, 1911. 338 p.
La Vie de l'esprit au Canada français, 1760-1925. Valiquette, 1941. 355 p.

Thérèse Durnin, comp. «Le Chanoine Émile Cartier : Biographie et bibliographie.» École de bibliothécaires de l'Université de Montréal, 1938. 30 p.

CHARTRAND, Jean-Jacques

Le Solitaire du boulevard Gouin : Roman. [Préface de Armand Le Guet]. Éditions du Lévrier, 1953. 234 p.

CHATILLON, Pierre (Paul Mercure, pseud.)

Arpents de neige. Vincennes, France : Théâtre Daniel Sorano, 1963. 31 p.
Les Cris : Poèmes. [Préface de Gilles Leclerc]. EDA, [1957]. 62 p.
Les Cris : Poésie. Éditions du Jour, [1968]. 96 p.
Silex 2. [par] Olivier Marchand, Pierre Châtillon et Louis Caron. Éditions Atys, 1960. [unpaged — sans pagination].

CHAURETTE, Andrée

La Cellule enneigée. Éditions de l'Hexagone, [1964]. 40 p.

CHAUVEAU, Pierre-Joseph-Olivier

Charles Guérin : Roman des moeurs canadiennes. [Avis de l'éditeur, G.H. Cherrier]. Lovell, 1853. vii + 359 p.

Charles Guérin : Roman des moeurs canadiennes. [Introduction de Ernest Gagnon]. Illustrations de J.-B. Legacé. Revue Canadienne, 1900. 382 p.

Discours prononcé lors de l'inauguration du monument Cartier-Brébeuf, le 24 juin, 1889. Donnacona : Poésies. Beauchemin, 1889. 26 p.

François-Xavier Garneau : Sa Vie et ses oeuvres. Beauchemin & Valois, 1883. 281 p.

Frédéric Ozanam : Sa.Vie et ses oeuvres. Avec une introduction par M. Chauveau. Beauchemin, 1887. xx + 603 p.

Paul-Joseph-Olivier Chauveau. Textes choisis et présentés par André Labarrère-Paulé. Fides, [1962]. 95 p.

Souvenirs et légendes (Conférence faite à l'Institut Canadien de Québec). Québec : Côté, 1877. 36 p.

> Thérèse-Louise Hébert, comp. «Bio-bibliographie de Pierre-Joseph-Olivier Chauveau.» Préface de Casimir Hébert. École de bibliothécaires de l'Université de Montréal, 1944. 95 p. (Microfilm)

CHAUVIN, Édouard

Figurines : Gazettes rimées. Le Devoir, 1918. 130 p.

Vivre : Poèmes. 1ère édition. Maillet, 1921. 124 p.

CHÉNÉ, Yolande

Au seuil de l'enfer : Roman. Cercle du Livre de France, [1961]. 252 p.

Peur et amour : Roman. [Cercle du Livre de France], [c 1965]. 177 p.

CHENEL, Eugénie

La Terre se venge : Roman du terroir. Garand, 1932. 110 p.

CHEVALIER, Émile

Le Patriote. Éd. adaptée, refondue, et entièrement mise à jour par Eugène Achard. Librairie Générale Canadienne, [1952]. 139 p.

Le Pirate du Saint-Laurent. Nouv. éd. entièrement refondue, adaptée et mise à jour par Eugène Achard. Librairie Générale Canadienne, [1951]. 143 p.

CHEVRIER, Rodolphe

Tendres Choses : Poésies canadiennes. [Préface de l'auteur]. Bédard, 1892. 205 p.

CHIASSON, Irène

Image et verbe : D'après trente collages d'Irène Chiasson, des poèmes de François Piazza, Anthony Phelps, Yves Leclerc et Raymond Charland. Longueil : Image et Verbe, 1966. 64 p.

CHICOINE, René

Carrefour des hasards. Cercle du Livre de France, [c 1959]. 212 p.
Circuit 29 : Roman. Manitou, [c 1948]. 267 p.
Un Homme, rue Beaubien : Roman. Cercle du Livre de France, [c 1967]. 223 p.

CHOPIN, René

Le Coeur en exil. 2e éd. Paris : Crès, 1913. 179 p.
Dominantes. Illustrations de Adrien Hibert. Lévesque, 1933. 164 p.

      Lucille Chopin, comp. «Bio-bibliographie de René Chopin, poète.» École de bibliothécaires, Université de Montréal, 1944. 54 p. (Microfilm)

CHOQUET, Joseph

Under Canadian Skies : A French-Canadian Historical Romance (When Sons of France Fought Tyranny and Shook the Yoke of Oppression). [Preface by the author]. Providence, R.I. : The Oxford Press, [c 1922]. 311 p.

CHOQUETTE, Adrienne

Confidences d'écrivains canadiens-français. Trois-Rivières : Bien Public, 1939. 236 p.
La Coupe vide : Roman. 2e éd. Pilon, [1949]. 204 p.
Laure Clouet : Nouvelle. Ottawa : I.L.Q., [c 1961]. 135 p.
La Nuit ne dort pas : Nouvelles. I.L.Q., [1954]. 153 p.

      Germaine Paradis, comp. «Bio-bibliographie de Mlle Adrienne Choquette.» [Préface de Monsieur Robert Choquette]. [n. p. — sans éditeur], 1947. 42 p. (Microfilm)

CHOQUETTE, Charles-Philippe

      Soeur Marie Anita-de-Jésus, comp. «Notes bio-bibliographiques sur Mgr Charles-Philippe Choquette.» Sutton, 1951. 25 p. (Microfilm)

CHOQUETTE, Ernest

Carabinades. Avec préface et postface en vers par les docteurs Beauchemin et Drummond. Déom, 1900. ix + 226 p.
Claude Paysan : Roman du Canada français. Illustrations de N. Degouy. Paris : Casterman. 156 p.
La Terre. Beauchemin, [n.d. — sans date]. 289 p.

Théâtre : Madeleine : Pièce en cinq actes (Épisode de 1837). La Bouée : Pièce en quatre actes et un prologue. [Saint-Hyacinthe] : Le Clairon, [c 1927]. 172 p.

> Lucile Thibault, comp. «Notes bio-bibliographiques sur Monsieur le docteur Ernest Choquette, de la Société royale du Canada.» École de bibliothécaires, 1948. [unpaged — sans pagination]. (Microfilm)

CHOQUETTE, Gilbert

L'Apprentissage : Roman. Beauchemin, 1966. 199 p.

Au loin l'espoir. L'auteur, [1958]. 49 p.

L'Honneur de vivre : Poèmes de l'âge amer. Beauchemin, 1964. 59 p.

L'Interrogation. Beauchemin, 1962. 173 p.

CHOQUETTE, Robert

A travers les vents. Garand, [1925]. 138 p.

Le Curé de village : Scènes de vie canadienne. Granger, 1936. 231 p.

Le Fabuliste La Fontaine à Montréal. Déom, [1935]. 309 p.

Metropolitan Museum : Poème. Avec bois de Edwin H. Holgate. [Herald Press], 1931. 29 p.

Oeuvres poétiques : I A travers les vents, Metropolitan Museum, Poésies nouvelles. II Suite marine. Fides, [1956]. 2 vols.

Oeuvres poétiques : I A travers les vents, Metropolitan Museum, Poésies nouvelles. II Suite marine. 2e éd., rev. et augm. Fides, [c 1967]. 2 vols.

La Pension Leblanc : Roman. Dessins de Paul Lemieux. Carrier, Editions du Mercure, 1927. 305 p.

Robert Choquette. Textes choisis et présentés par André Melançon. [Introduction d'André Melançon]. Fides, [1959]. 95 p.

Suite Marine : Poème en douze chants. Avec des illustrations de Lomer Gouin. Péladeau, [1953]. 330 p.

Les Velder : Roman. Avec une préface de André Maurois. Valiquette, [1941]. 190 p.

> Hélène Labrecque, comp. «Essai de bio-bibliographie sur la personne et l'oeuvre de Robert Choquette.» École de bibliothécaires, Université de Montréal, 1939. 17 p. (Microfilm)

CHOUINARD, Ephrem

Petite Histoire des grands rois d'Angleterre par un coloniste des plus véridiques. Éd. augmentée, agrandie et beaucoup additionnée. Québec : Laflamme & Proulx, 1910. 162 p.

CHOUINARD, Ernest

L'Arriviste : Étude psychologique. Québec : Le Soleil, 1919. 251 p.

Croquis et marines : Scènes, types et tableaux. Québec : Le Soleil, 1920. 224 p.

L'Oeil du phare. Québec : Le Soleil, 1923. 279 p.

Sur mer et sur terre. Québec : [n.p. — sans éditeur], 1919. 250 p.

CINQ-MARS, Alonzo

De l'aube au midi. Québec : Éditions de la Tour de Pierre, Société des Poètes, 1924. 122 p.

CIRCÉ-CÔTÉ, Éva (Colombine, pseud.)

Bleu, blanc, rouge : Poésies, paysages, causeries. Déom, 1903. 369 p.

> Raymonde Hébert, comp. «Notes bio-bibliographiques sur Éva Circé-Côté, bibliothécaire et chroniqueuse.» École de bibliothécaires, 1952. vii + 12 p. (Microfilm)

CLAPIN, Sylva

> Gratien Bineau, comp. «Bio-bibliographie de Monsieur Sylva Clapin, 1853-1928 : Lexicographe, journaliste et publiciste.» [n.p. — sans éditeur], 1948. 37 p. (Microfilm)

CLARI, Jean-Claude

L'Appartenance : Roman. Cercle du Livre de France, [1968]. 206 p.

Les Grandes Filles : Roman. Éditions du Jour, [1968]. 151 p.

CLAUDE-LABOISSIÈRE, Alphonse

Journal d'un aumônier militaire canadien, 1939-1945. Editions Franciscaines, 1948. 330 p.

CLÉMENT, Béatrice

Le Père des enfants perdus : Vie de Saint Jean Bosco. Dessins de Thérèse Robichon. Éditions de l'Atelier, [1956]. 127 p.

Quel beau pays! Dessins de Pierre Dorion. Le Centre Familial, [1948]. 215 p.

> Louise Chagnon, comp. «Essai de bio-bibliographie : Béatrice Clément.» Université de Montréal, École de bibliothécaires, 1953. 52 p. (Microfilm)
>
> Marie-Gisèle Mathieu, comp. «Notes bio-bibliographiques sur Mlle Béatrice Clément.» École des bibliothécaires, 1952. ix + 19 p. (Microfilm)

CLÉMENT, Lucie

En marge de la vie. Lévesque, [1934]. 192 p.

Seuls. Beauchemin, 1937. 223 p.

CLÉMENT, Marcel

> Michèle Savoie, comp. «Essai de bio-bibliographie M. Marcel Clément, écrivain, sociologue, journaliste.» École de bibliothécaires, 1953. vi + 34 p. (Microfilm)

CLIÈCE, Élina

Menuaille : Vers badins. Ottawa : Coin du Livre, 1964. 51 p.

CLOUTIER, Cécile

Cuivre et soies; suivi de Mains de sable. Éditions du Jour, [c 1964].
75 p.

CLOUTIER, Eugène

*Le Canada sans passeport : Regard libre sur un pays en quête de sa
réalité*. H.M.H., [c 1967]. 2 vols.

Croisière : Roman. Cercle du Livre de France, [1963]. 189 p.

Les Inutiles : Roman. Ottawa : Cercle du Livre de France, [c 1956].
202 p.

No Passport : A Discovery of Canada. Translated by Joyce Marshall.
Drawings by Bob Hohnstock. Toronto : Oxford University Press,
1968. 280 p.

Les Témoins : Roman. Cercle du Livre de France, 1953. 226 p.

CLOUTIER, Joseph E. A.

L'Erreur de Pierre Giroir : Roman. Québec : Le Soleil, 1925. 248 p.

CODERRE, Émile (Jean Narrache, pseud.)

Bonjour les gars ! Vers ramanchés et pièces nouvelles. [Préface de
Alphonse Loiselle]. Pilon, [1948]. 202 p.

Jean Narrache chez le diable. Illustrations de Guy Gaucher. Éditions
de l'Homme, [c 1963]. 125 p.

J'parl' tout seul quand Jean Narrache. [Préface de l'auteur]. Éditions
de l'Homme, [1961]. 141 p.

J'parl' pour parler : Poésies. Illustrations de Simone Aubry. Valiquette,
1939. 129 p.

Quand j'parl' tout seul. Illustrations de Jean Palardy. Lévesque, 1933.
130 p.

Les Signes sur le sable. Préface d'Alphonse Desilets. L'auteur, 1922.
131 p.

Rita Simard, comp. «Bio-bibliographie de Émile Coderre.» Préface de Mlle Marie-Claire Daveluy. 1942. 42 p. (Microfilm)

COLANGELO, Léoni

Trajectoire. Éditions la Québécoise, 1965. 42 p.

COLOMBINE (pseud.) voir Circé-Côté, Éva

COLOMBO, John Robert

Poésie/Poetry 64. Présenté par/edited by Jacques Godbout & John Robert Colombo. [Préfaces de J. Godbout et de J. R. Colombo]. Éditions du Jour, [c 1963]. 157 p.

CONAN, Laure (pseud.) voir Angers, Félicité

CONSTANTIN-WEYER, Maurice

La Bourrasque. 15ᵉ éd. Paris : Rieder, 1925. 249 p.

Cavelier de La Salle. 7ᵉ éd. Paris : Rieder, 1927. 285 p.

Cinq Éclats de silex. 10ᵉ éd. Paris : Rieder, 1928. 159 p.

Clairière : Récits du Canada. Avec 16 illustrations. Paris : Stock, 1929. 253 p.

Du sang sur la neige. Paris : Cité des Livres, 1931. 67 p.

Forest Wild. [Translated from the French by Conrad Elphinstone]. London : George Routledge & Sons, [1933]. 211 p.

Le Grand Will : Drame historique en 3 actes. [par] Constantin-Weyer [et] Longworth Chambrun. Illustrations de Rémy Hétreau. Paris : Nouvelle France, 1945. 244 p.

Un Homme se penche sur son passé. 16ᵉ éd. Paris : Rieder, 1928. 228 p.

A Man Scans his Past (Un Homme se penche sur son passé). Translated by Slater Brown. [Introduction by the translator]. Toronto : Macmillan, 1929. vii + 250 p.

Manitoba. 16ᵉ éd. Paris : Rieder, 1928. 134 p.

A Martyr's Folly. With a critical introduction by Pelham Edgar. Toronto : Macmillan, 1930. 309 p.

Vers l'ouest : Roman. Paris : Renaissance du Livre, [1921]. 251 p.

> Simone Paula (Brisson) Farquhar. «Anthe ou l'ouest canadien dans l'oeuvre de Maurice Constantin-Weyer et de Georges Bugnet.» M.A. thesis, University of British Columbia, 1966. 150 p.

CONSTANTINEAU, Gilles

Simples Poèmes et ballades. Éditions de l'Hexagone, [1960]. [unpaged — sans pagination].

CONTANT, J. André

Étranges Domaines. [par] André Brochu, J.-André Contant [et] Yves Dubé. Préf. de Germaine Guèvremont. Éditions de la Cascade, 1957. [unpaged — sans pagination].

Veilloches. [par] J. André Contant, Guy Gervais, Pierre Desjardins. [Préface de M. Roger Duhamel]. Éditions de la Cascade, 1956. 92 p.

CORNELOUP, Claudius

La Coccinelle du 22ᵉ : Roman canadien. Beauchemin, [1934]. 237 p.

COSTE, Donat
L'Enfant noir : Roman. Chantecler, 1950. 242 p.

COSTISELLA, Joseph
L'Esprit révolutionnaire dans la littérature canadienne-française, de 1837 à la fin du XIXe siècle. Beauchemin, 1968. 316 p.

CÔTÉ, J. B.
Originaux et aventuriers (l'ouest pittoresque). Ste-Anne-de-la-Pocatière: Fortin & Fils, 1946. 149 p.

CÔTÉ, Louis-Philippe
La Terre ancestrale : Roman. Québec : Marquette, 1933. 171 p.

CÔTÉ, Mme Pierre Salomon voir Circé-Côté, Éva

COTRET, E. A. René de (René Detertoc, pseud.)
L'Amour ne meurt pas. [n.p. — sans éditeur], 1930. 284 p.
Les Voies de l'amour. [n.p. — sans éditeur], 1931. 311 p.

COUËT, Yvonne
De ci, de ça : Nouvelles. Québec : [n.p. — sans éditeur], 1925. 162 p.

COUILLARD-DESPRÉS, Azarie-Étienne
Marthe Des Rochers, comp. «Bio-bibliographie de l'abbé Azarie-Étienne Couillard-Després.» [n.p. — sans éditeur], [n.d. — sans date]. 34 p. (Microfilm)

COULOMB, Marie-Florence
Vienne la nuit. [n.p. — sans éditeur], [n.d. — sans date]. 332 p.

COULOMBE, Alphonse
Poèmes de l'éveil. Québec : 1966. 84 p.

COUPAL, Marie-Antoinette Grégoire voir Grégoire-Coupal, Marie-Antoinette

COURTEAU-DUGAS, Bérengère
Enchantements. Bellarmin, 1963. 136 p.

COURTOIS, Jean-Marie
Trois Contes : Un Noël acadien; A une jeune amie; Histoire de rat. Québec : Éditions de l'Arc, [c 1964]. 49 p.

COUTLÉE, Paul

Craches-en un : Monologues comiques. Samedi, 1920. 95 p.

Que nous dis-tu : Monologues comiques pour jeunes gens, jeunes filles et enfants. Le Samedi, [c 1922]. 187 p.

COUTURE, André

Mémoires pour l'exil : Des souvenances. Maquette de l'auteur, quatre hors-texte de Pierre Beaudry. Ottawa : Coin du Livre, 1967. 40 p.

CRAUVE, Fernand

L'Émigrant. Paris : Budry, [1927]. 237 p.

CRÉMAZIE, Octave

Crémazie. Texte établi et annoté par Michel Dassonville. Fides, [1956]. 95 p.

Lettres et fragments de lettres. Beauchemin, 1886. 316 p.

Oeuvres complètes. Beauchemin et fils, [c 1883]. 230 p.

Oeuvres. Texte établi et annoté par Michel Dassonville. Collection classiques canadiens. Fides, [c 1956]. 95 p.

Poésies. Beauchemin, 1925. 202 p.

> Lise Brunet. comp. «Bio-bibliographie d'Octave Crémazie.» Verdun : [n.p. — sans éditeur], 1945. 59 p. (Microfilm)
> Henri-Raymond Casgrain. *Octave Crémazie.* Beauchemin, 1912. 138 p.
> Lucile Lavigueur, comp. «Bio-bibliographie de Octave Crémazie.» [n.p. — sans éditeur], 1948. iii + 6 p. (Microfilm)
> Pierre Georges Roy. *A propos de Crémazie.* Québec : Garneau, 1945. 302 p.

CROFF, Madame E.

Celle qui revient : Roman canadien inédit. Illustrations d'Albert Fournier. Garand, [1930]. 48 p.

L'Enjôleuse : Roman de moeurs canadiennes. Illustrations d'Albert Fournier. Garand, [c 1928]. 68 p.

La Petite Maîtresse d'école : Roman canadien inédit. Illustrations d'Albert Fournier. Garand, [c 1929]. 64 p.

CUGNET, François-Joseph

> Roger Huberdeau. *François-Joseph Cugnet, jurisconsulte canadien : Essai historique.* Saint-Rémi de Napierville : [n.p. — sans éditeur], 1947. 115 p. (Microfilm)

DABLON, Claude (pseud.) voir La Rue, Gabriel

DAGENAIS, Gérard

Nos Écrivains et le français. [Préface de Roger Duhamel]. Éditions du Jour, [1967]. 109 p.

DAGENAIS, Pierre

Contes de la pluie et du beau temps. Préface de Claude-Henri Grignon. Cercle du Livre de France, [c 1953]. 207 p.

Isabelle : Drame en deux actes. Dagenais, [c 1961]. 100 p.

DAMPIERRE, Leila de

Espaces : Poèmes du Canada. Valiquette, [n.d. — sans date]. 112 p.

Reflets et mirages : Poèmes. Belgrade : [Imprimerie Nationale du Royaume de Yougoslavie], 1937. 119 p.

DANDURAND, Albert

Littérature canadienne-française : La Prose. Le Devoir, 1935. 208 p.

Nos Orateurs. Action canadienne-française, [1938]. 232 p.

La Poésie canadienne-française. Lévesque, 1933. 244 p.

Le Roman canadien-français. [Préface de l'auteur]. Lévesque, [1937]. 252 p.

DANDURAND, Joséphine

Nos Travers. Beauchemin et fils, 1901. 232 p.

DANDURAND, Mme Raoul

Laurette Cloutier, comp. «Bio-bibliographie de Madame Raoul Dandurand, (née Joséphine Marchand).» Préface de Monsieur Casimir Hébert. [n.p. — sans éditeur], 1942. 54 p. (Microfilm)

DANTIN, Louis (pseud.) voir Seers, Eugène

DARIOS, Louise

Contes étranges du Canada. Illustrations par Claude Brousseau. [Préface de l'auteur]. Beauchemin, 1962. 156 p.

Strange Tales of Canada. Translation by Philippa C. Gerry. Toronto : Ryerson, [c 1965]. 162 p.

DARVEAU, Louis Michel

Nos Hommes de lettres. Stevenson, 1873. vi + 276 p.

DASSONVILLE, Michel

Initiation à la recherche littéraire. Ottawa : Presses Universitaires Laval, 1961. iv + 142 p.

Octave Crémazie. Texte établi et annoté. Collection classiques canadiens. Fides, [1956]. 95 p.

DAVELUY, Marie-Claire

Aux feux de la rampe. Action française, 1927. 285 p.

Les Aventures de Perrine et de Charlot. Dessins de James McIsaac. [Préface de Marraine Odile]. 3e éd. Granger, 1945. 172 p.

La Captivité de Charlot. Dessins de James McIsaac. Granger, 1944. 155 p.

Charlot à la "mission des martyrs." Dessins de James McIsaac. Granger, 1944. 150 p.

Le Coeur de Perrine : Fin des aventures de Perrine et Charlot. Dessins de James McIsaac. Granger, 1944. 210 p.

Le Filleul du roi Grolo. 2e éd. rev. Illustrations de Madame Odette Fumet Vincent. Granger, 1946. 213 p.

L'Idylle de Charlot. Dessins de James McIsaac. Granger, 1944. 188 p.

Perrine et Charlot à Ville-Marie. Dessins de James McIsaac. Granger, 1944. 187 p.

Une Révolte au pays des fées. Dessins de James McIsaac. Granger, 1944. 153 p.

Sur les ailes de l'oiseau bleu : L'Envolée féerique. 2e éd. rev. Dessins de James McIsaac. Granger, 1944. 186 p.

> Lucille Collette, comp. «Petit Essai de bio-bibliographie sur la personne et l'oeuvre littéraire, historique et bibliographique de Mlle Marie-Claire Daveluy.» [n.p. — sans éditeur], [1939]. 35 p. (Microfilm)

DAVELUY, Paule

Chérie Martin : Roman. Éditions de l'Atelier, [n.d. — sans date]. 206 p.

Drôle d'automne. Texte rev. et corr. Québec : Éditions Jeunesse, [c 1963]. 133 p.

L'Été enchanté : Roman. Éditions de l'Atelier, [c 1958]. 146 p.

L'Été enchanté. Texte rév. et corr. Québec : Éditions Jeunesse, [c 1963] 151 p.

Summer in Ville-Marie. Translated by Monroe Stearns. New York : Holt, Rinehart and Winston, [1962]. 142 p.

DAVIAULT, Pierre (Pierre Hartex, pseud.)

Les Carnets d'un liseur. Valiquette, [1942]. 239 p.

Les Carnets d'un liseur : Histoires, légendes, destins. Éditions Moderne, [1945]. 243 p.

Le Mystère des Milles-Îles : Roman canadien inédit. Illustrations d'Albert Fournier. Garand, [1927]. 56 p.

Nora l'énigmatique. Éditions Pascal, [1945]. 150 p.

> Adrienne Crevier, comp. «Bio-bibliographie du major Pierre Daviault, membre de la Société royale du Canada, vice-président de la Société des Écrivains canadiens.» Préface du R.P. Paul-A. Martin, C.S.C. [n.p. — sans éditeur], 1945. 65 p.

DAVID, Laurent-Olivier

Au soir de la vie. Beauchemin, [c 1924]. 358 p.

Biographies et portraits. Beauchemin & Valois, 1876. 301 p.

Croyances et superstitions; suivi [d'autres essais]. Beauchemin, 1926. 123 p.

Les Deux Papineau. Sénécal, 1896. 120 p.

Les Gerbes canadiennes. Beauchemin, [1921]. 328 p.

Laurier et son temps. [Préface de A.-D. De Celles]. La Patrie, 1905. 159 p.

Laurier, sa vie, ses oeuvres. Beauceville : L'Éclaireur, 1919. 268 p.

Mélanges historiques et littéraires. Beauchemin, 1917. 338 p.

Mes Contemporains. Sénécal, 1894. 288 p.

Monseigneur Alexandre-Antonin Taché, Archevêque de Saint-Boniface. 2ᵉ éd. rev. corrigée et considérablement augmentée. Cadieux & Derome, [1883]. 111 p.

Sir Georges Étienne Cartier. [n.p. — sans éditeur], [1873]. 21 p.

Sir Wilfrid Laurier : Discours à l'étranger et au Canada. [Introduction de L.-O. David]. Beauchemin, [c 1909]. xcix + 472 p.

Souvenirs et biographies, 1870-1910. Beauchemin, 1911. 274 p.

> Thérèse Dufresne, comp. «Bibliographie de M. L.-O. David.» École de bibliothécaires, Université de Montréal, 1944. xii + 30 p. (Microfilm)

DAVID, Nellie (Maillard) (Anne-Marie, Marie-Andrée, pseuds.)

L'Aube de la joie. Cercle du Livre de France, [c 1959]. 217 p.

Maintenant et toujours. Cercle du Livre de France, 1967. 212 p.

La Nuit si longue : Roman. [Cercle du Livre de France], [c 1960]. 215 p.

Tristesse : Poèmes. 2ᵉ éd. Illustrations de Mychel. Reliure Lasalle, [n.d. — sans date]. 37 p.

DE CELLES, Alfred Duclos

Scènes de moeurs électorales, par A.D. De Celles; suivi de *Anecdotes politiques et électorales,* par Louis Fréchette; *Noël de Pietro,* par Marc Sauvalle; *Julien Deschamps,* par É.-Z. Massicotte; *Louis Cyr,* par É.-Z. Massicotte. Illustrations de Henri Julien. Beauchemin, [1919]. 91 p.

Anne-Marie Dorion, comp. «Bio-bibligraphie de Alfred Duclos De Celles, conservateur de la bibliothèque du parlement fédéral 1885-1920 [et al.], (1843-1925).» École de bibliothécaires, 1942. 60 p. (Microfilm)

DELVIDA POIRIER, Joseph

Paroles de paix. [n.p. — sans éditeur], 1942. 123 p.

DEMERS, Hector

Les Voix champêtres. 1ère éd. Beauchemin, 1912. 99 p.

DEMERS, Pierre

Sonnets pour Noël et le carnaval. Beauchemin, 1962. 108 p.

DENECHAUD-LARUE, Mme Marie

La Voix du coeur : Poèmes. Québec : [n.p. — sans éditeur], 1935. 141 p.

DERFLA (pseud.) voir Tremblay, Alfred

DEROME, Gilles

Dire pour ne pas être dit. Déom, [1964]. 73 p.

DESAULNIERS, Gonzalve

Les Bois qui chantent. [Préface de Louis Dantin]. Beauchemin, 1930. 193 p.

Marcelle T. Le Bel, comp. «Bibliographie de l'Honorable Juge Gonzalve Desaulniers.» [Préface de A.G.L.]. [n.p. — sans éditeur], 1945. 24 p. (Microfilm)

DESBOIS, Jean (pseud.) voir Carré, Joseph-François-Xavier

DESCARRIES, Alfred

Heures poétiques : Recueil de poésies canadiennes. [A. & N. Pelletier], 1907. 92 p.
Pour mon pays : Poèmes lyriques, croquis, satire, fantaisie. [Marchand], 1922. 142 p.
La Revanche (Nouvelle) : Contes, réflexions, poèmes. Garand, 1929. 150 p.
«Sephora» (Récit romanesque et humoristique) et «La Famille Beaufretin» (Comédie canadienne — trois actes). [Garand], [1926]. 156 p.
Le Sillon (Mes Heures poétiques, volume II). 1ère Partie : Heures gaies. [Marchand], 1914. 91 p.

DES DUNES, Flor (pseud.) voir Dubé, Mme Laurent

DESFORETS, Benoît (pseud.) voir Marie-Benoît, O.S.B.

DESGRANGES, Jean
Mon Amour chéri : Roman. Éditions de l'Étoile, [1946]. 107 p.

DES GRÈVES, Jean (pseud.) voir Thibault, Honoré

DÉSILETS, Alfred
Souvenirs d'un octogénaire. [Préface de Adjutor Rivard]. Trois-Rivières : Dupont, 1922. 159 p.

DÉSILETS, Alphonse
Les Cent Ans de l'Institut Canadien de Québec : Compte rendu des fêtes du centenaire en Septembre 1948. Québec : [Le Quotidien], 1949. 252 p.
Dans la brise du terroir : Poésies. Québec : L'auteur, 1922. 149 p.
Mon Pays, mes amours : Poésies. [Préface de M. Albert Ferland]. Québec : L'auteur, 1913. v + 148 p.

DÉSILETS, Guy
La Tension des dieux. Éditions de l'Équinoxe, 1962. 83 p.

DESJARDINS, Antonio
Crépuscules : Poèmes. Hull : Éditions du Progrès, 1924. 187 p.

DESJARDINS, Gilles
Les Corridors. Beauchemin, 1962. 185 p.

DESJARDINS, Marcelle
Mon Coeur chargé à blanc. Québec : Éditions de l'Arc, 1963. 126 p.

DESJARDINS, Maurice
Le Party chez Piperleau. Images de Bertin Mackenzie-Dubé. [Préface de Jules Léger]. Valiquette, [1941]. 115 p.

DESJARDINS, Pierre
Veilloches. [par] J. André Contant, Guy Gervais et Pierre Desjardins. Éditions de la Cascade, 1956. 92 p.

DESJARDINS RIVEST, Jeanne voir Rivest, Jeanne Desjardins

DESJARDINS-VERSAILLES, Germaine voir Versailles, Germaine (Desjardins)

DESMARCHAIS, Rex

Bête de proie (Conte philosophique). Éditions d'Art, 1942. 47 p.

La Chesnaie : Roman. Éditions de l'Arbre, [1942]. 294 p.

Le Feu intérieur : Roman. Lévesque, [1933]. 197 p.

France immortelle (Essais). [Préface de l'auteur]. Éditions Libres, 1941. iv + 307 p.

L'Initiatrice. Lévesque, 1932. 175 p.

> Maurice Brière, comp. «Bio-bibliographie de Rex Desmarchais.» [Préface de Robert Philie]. [n.p. — sans éditeur], 86 p. (Microfilm)
>
> Frère Léon-Pierre, I.C., comp. «Notes bio-bibliographiques sur Rex Desmarchais.» École de bibliothécaires, 1947. 18 p. (Microfilm)

DESMARINS, Paul (pseud.) voir Leblanc, Paul

DES ORMES, Renée (pseud.) voir Turgeon, Mme Marie

DESPAROIS, Lucile (Tante Lucille, pseud.)

Sept Nouveaux Contes. Illustrations de Marcelle Tessier. [n.p. — sans éditeur], [1948]. 113 p.

DESPRÉS, Ronald

Les Cloisons en vertige. Beauchemin, [1962]. 94 p.

Le Scalpel ininterrompu : Journal du docteur Jan von Fries. Éditions à la Page, [1962]. 136 p.

Silences à nourrir de sang. Éditions d'Orphée, [1958]. 103 p.

DESROCHERS,Alfred

A l'ombre de l'Orford : Poèmes. Action canadienne-française, 1930. 157 p.

A l'ombre de l'Orford; suivi du Cycle du village. Fides, [1948]. 116 p.

Elégies pour l'épouse en-allée. Parti Pris, [1967]. 94 p.

Paragraphes : Interviews littéraires. Action canadienne-française, 1931. 181 p.

Le Retour de Titus. Ottawa : Éditions de l'Université d'Ottawa, 1963. 61 p.

> Claire Grondin, comp. «Bio-bibliographie de Alfred Desrochers.» [n.p. — sans éditeur], 1944. 35 p. (Microfilm)

DESROCHERS, Clémence

Le Monde sont drôles (nouvelles); suivies de La Ville depuis (lettres d'amour). Parti Pris, [1966]. 131 p.

DES ROCHES, Francis (Frandero, pseud.)

Brumes du soir. [Lettre-préface de Camille Roy]. Québec : Action Sociale, 1920. 132 p.

Cendres chaudes : Poèmes. [Préface du Pierre Cabiac]. Québec : Garneau, [c 1963]. 82 p.

Chiq'naudes : Gazettes rimées, 1ère série. Illustrés par Henri Déro. Québec : Édition de la Tour de Pierre, Société des Poètes, 1924. 128 p.

En furetant. Québec : Action sociale, 1919. 199 p.

Pascal Berthiaume : Roman. Québec : Agence Élite, 1932. 155 p.

Propos d'un rôdeur : Proses et rimes. [Québec] : [L'auteur], [1942]. 158 p.

> Denyse Desroches, comp. «Notes bio-bibliographiques sur Francis Des Roches.» [n.p. — sans éditeur], 1949. 9 p. (Microfilm)

DESROSIERS, Adélard

D'autres belles histoires des grèves : Soleil de France au Saint-Laurent, Au pays de Carignan, Jeux d'éclaireurs, La Petite Main. L'auteur, [n.d. — sans date]. 83 p.

DESROSIERS, Emmanuel

La Fin de la terre : Roman. [Préface de Jean Jacques Lefebvre]. Action canadienne-française, 1931. 107 p.

DESROSIERS, Léo-Paul

L'Accalmie : Lord Durham au Canada. Le Devoir, 1937. 148 p.

Ames et paysages : Fécite, Un Charivari, La Petite Oie blanche, Prosper et Graziella, Au bord du lac bleu, Marguerite, Le Rêveur, Une Intrigue de palais, Un Cénacle. Le Devoir, 1922. 183 p.

L'Ampoule d'or : Roman. 8e éd. Paris : Gallimard [1951]. 254 p.

L'Ampoule d'or. Précédé d'une chronologie, d'une bibliographie et de jugements critiques. Fides, [1967]. 212 p.

Commencements. Action canadienne-française, [1939]. 159 p.

Les Engagés du Grand Portage. Fides, 1946. 207 p.

Le Livre des mystères. Le Devoir, 1936. 175 p.

Nord-sud : Roman. Fides, [c 1943]. 216 p.

Nord-sud : Roman. 2e éd. Le Devoir, 1943. 217 p.

Les Opiniâtres : Roman. [Imprimerie Populaire], 1941. 222 p.

Sources. [Imprimerie Populaire], 1942. 227 p.

Vous qui passez. Fides, 1958-1960. 3 vols. (V. 2. *Les Angoisses et les tourments.* V. 3. *Rafales sur les cimes.*)

> Julia Richer. *Léo-Paul Desrosiers.* Fides, [c 1966]. 190 p. Soeur M. Madeleine du Bon-Pasteur, comp. «Bio-bibliographie de Monsieur Léo-Paul Desrosiers.» Saint-Hyacinthe : [n.p. — sans éditeur], [1939]. 85 p. (Microfilm)

DESROSIERS, Marie Antoinette Tardif (Michelle Le Normand, pseud.)

Autour de la maison. 5e éd. Le Devoir, [1944]. 204 p.

Couleur du temps. Le Devoir, 1919. 142 p.

Enthousiasme : Nouvelle. Le Devoir, [c 1947]. 222 p.
La Maison aux phlox. 2ᵉ éd. Ottawa : Le Devoir, [1941]. 212 p.
La Montagne d'hiver : Roman. Fides, [1961]. 158 p.
Le Nom dans le bronze : Roman. Fides, [1954]. 117 p.
La Plus Belle Chose du monde. 4ᵉ éd. Fides, 1952. 197 p.

DESSAULLES, Caroline Angélinas
Quatre-vingts Ans de souvenirs. Valiquette, 1939. 287 p.

DESSAULLES, Louis Antoine
Discours sur l'Institut Canadien, 1862. Le Pays, 1863. 21 p.

DES SERRES, Marthe (pseud.) voir Charbonneau, Hélène

DÉSY, Jean
Les Sentiers de la culture. Fides, [1954]. 222 p.

DETERTOC, René (pseud.) voir Cotret, E.A. René de

DEULIN, Charles
Les Contes de ma mère l'oye avant Perrault. Paris : Dentu, 1879. 382 p.
Contes du roi Cambrinus. Illustrations de Léonie Gervais. [Préface de Adrien Plouffe]. Lumen, [1947]. 193 p.

DEYGLUN, Henry
Les Amours d'un communiste : Roman canadien inédit. Illustrations d'Albert Fournier. Lévesque, 1933. 186 p.
Les Aventuriers de l'amour : Roman. Garand, [1929]. 68 p.
La France vivra : Tragi-comédie en vers, en trois actes et cinq tableaux, dont un prologue et un épilogue. Revue Moderne, [n.d. — sans date]. 142 p.

DEYGLUN, Serge
Ces Filles de nulle part : Nouvelles. Éditions Atys, [1960]. 125 p.
Né en trompette. Préface d'Éloi de Grandmont. Éditions de Malte, [1950]. 62 p.

DÉZIEL, Jean-Laurent
Jean-Lou raconte. Hull : Éditions Lions, 1965. 64 p.

DION-LÉVESQUE, Rosaire (pseud.) voir Lévesque, Léo Albert

DIONNE, Jean-Claude
Chaussons d'orages. Paris : Paragraphes littéraires de Paris, 1962. 68 p.

Étrange Escarmouche, Paris : Paragraphes littéraires de Paris, 1963.
51 p.

DIONNE, Narcisse Eutrope

Les Trois Comédies du «Statu quo» 1834. Avec une préface par N.-E.
Dionne. Québec : Laflamme et Proulx, 1909. 246 p.

> Fernande Villemaire, comp. «Bio-bibliographie de N.E.
> Dionne.» Préface du Colonel G.-E. Marquis, V.D. [n.p. —
> sans éditeur], 1945. x + 18 p. (Microfilm)

DOLLENS, Jean

Nostalgies : Poèmes. Sherbrooke : L'auteur, 1938. 159 p.

DOMINIQUE, Albert Pierre

Photostats. Beauchemin, 1961. 121 p.

D'ONCIN, Paule voir Oncin, Paule d'

DOR, Georges

Chante-pleure : Poèmes sépara-tristes. Éditions Atys, [1961]. 50 p.
La Mémoire innocente (Poésies); suivi de Lettres à une malade. [Préface d'Émile Legault]. Éditions de l'Aube, [1956]. 60 p.
Poèmes et chansons, 1. Éditions de l'Hexagone, [1968]. 71 p.
Portes closes. Éditions de l'Aube, [1959]. 40 p.

DORAN, Dielle

Maryse : Roman. Cercle du Livre de France, [c 1960]. 171 p.

DORION, Éric

*Chroniques littéraires publiées dans l'Union libérale de Québec par
Charles de Guise, Miville Déchêne, Ludovic Brunet, Edmond Paré, in
1888, etc.* [Québec] : [La Libre Parole], [1912]. 236 p.

D'ORSONNENS, Éraste

Une Apparition : Épisode de l'émigration irlandaise au Canada. Cérat et
Bourguignon, 1860. 180 p.

DOUCET, Louis Joseph

Au bord de la clairière : Petits Poèmes en prose et autres. Québec :
L'auteur, 1916. 102 p.
Au fil de l'heure du gai «Sçavoir.» [Préface de l'auteur]. Édition de la
Tour de Pierre, 1924. 240 p.
Autant en emporte le vent. [Préface de l'auteur]. Yon, 1928. 88 p.

Au vent qui passe : Vers et proses. [Préface de l'auteur]. Québec : L'auteur, 1917. 96 p.

Campagnards de la Noraye (D'après nature). Québec : L'auteur, 1918. 102 p.

La Chanson du passant : Poésies canadiennes. [Aux lecteurs d'Albert Ferland]. Hébert, Ferland & Cie, 1908. 110 p.

Contes du vieux temps : Ça et là. Yon, 1911. 142 p.

Feuilles de chêne et nénufars. Yon, 1926. 160 p.

Les Grimoires : Poésies. Québec : [n.p. — sans éditeur], 1913. 72 p.

Les Idylles symboliques. Québec : L'auteur, 1918. 95 p.

La Jonchée nouvelle : Poésies canadiennes. [Préface de Charles Gill]. Yon, 1910. 96 p.

Lettres et devises fragmentaires : Prose. Yon, 1921. 48 p.

Moïse Joessin (Les Rudes). Québec : L'auteur, 1918. 80 p.

Les Palais chimériques : Poésies. Québec : [n.p. — sans éditeur], 1912. 123 p.

Les Palais d'argile. [Préface de l'auteur]. Québec : L'auteur, 1916. 102 p.

Palais d'écorce : Poésies. Québec : [n.p. — sans éditeur], 1921. 47 p.

Près de la source : Poésies. Québec : [n.p. — sans éditeur], 1914. 78 p.

Prologues et pensées. Québec : Tremblay, 1927. 158 p.

Vers les heures passées. Québec : L'auteur, 1918. 60 p.

> Charles Gill, Lionel-E. Léveillé, Madeleine, Colette, Albert Lozeau, Olivier Bonnard. *La Jonchée nouvelle : Études littéraires.* [Préface de Charles Gill]. Yon, [n.d. — sans date]. 80 p.
>
> Jacqueline Vaillancourt, comp. «Louis-Joseph Doucet : Bio-bibliographie.» [Sonnet-préface de L.-J. Doucet]. École de bibliothécaires, 1945. 27 p. (Microfilm)

DOUTREMENT, Henri (pseud.) voir Bugnet, Georges

DOUVILLE, Raymond

Aaron Hart : Récit historique. Trois-Rivières : Bien Public, 1938. 194 p.

La Vie aventureuse d'Arthur Buies. Lévesque, [1933]. 184 p.

DREUX, Albert

Le Mauvais Passant. Maillet, 1910. 121 p.

Les Soirs : Poésies. [Préface de Germain Beaulieu]. Saint-Jérôme : Prévost, 1910. 62 p.

DROUIN, Michèle

La Duègne accroupie. Éditions Quartz, [c 1959]. xiii + vi + xiv p.

DROUIN-O'DONOUGHUE, Marguerite
Secret Désir : Contes vrais pour grandes personnes. Fides, [1955].
188 p.

DUBÉ, Alice Lévesque
Il y a soixante ans. Préface de François Hertel. Fides, [1943]. 158 p.

DUBÉ, Mme Laurent (Flor Des Dunes, pseud.)
Et les feuilles tombent. Lévesque, 1931. 141 p.

DUBÉ, Marcel
Les Beaux Dimanches : Pièce en trois actes et deux tableaux. Leméac,
[1968]. 185 p.
Bilan : Pièce en deux parties. Leméac, [1968]. 187 p.
Florence : Pièce en deux parties et quatre tableaux. Québec : I.L.Q.,
[c 1960]. 172 p.
Un Simple Soldat : Comédie dramatique en 4 actes. Version nouv. Édi-
tions de l'Homme, [c 1967]. 142 p.
*Les Temps des lilas : Pièce en trois actes et sept tableaux; suivi de Un
Simple Soldat.* Québec : I.L.Q., [1958]. 311 p.
Textes et documents. [Agencement des textes et documentation : Yves
Dubé. Collaboration : Andrée Peltier et Juliette Dubé]. Leméac,
[1968]. 80 p.
Le Train du nord. Éditions du Jour, [1961]. [unpaged — sans pagi-
nation].
Zône : Pièce en trois actes. Éditions de la Cascade, [1955]. 145 p.
Zône : Pièce en trois actes. Leméac, [1968]. 189 p.

DUBÉ, Rodolphe (François Hertel, pseud.)
Afrique. Illustrations de Marcel Baril. Éditions de l'Ermite, [n.d. —
sans date]. 61 p.
Anatole Laplante curieux homme : Roman. Éditions de l'Arbre, [1944].
163 p.
Anthologie 1934-1964. Paris : Diaspora française, 1964. 144 p.
Axe et parallaxes. Variétés, 1941. 172 p.
Le Beau Risque : Roman. Valiquette, [n.d. — sans date]. 136 p.
Le Canada : Pays de curiosités, pays de contrastes. Paris : [Éditions de
l'Ermite], [n.d. — sans date]. 16 p.
Un Canadien errant : Récits, mémoires imaginaires. Paris : Éditions de
l'Ermite, [1953]. 203 p.
Claudine et les écueils; suivi de La Folle. Éditions de l'Ermite, [1954].
63 p.
Cosmos : Poèmes. éd. originale. S. Brousseau, [1945]. 114 p.
Jérémie et Barabbas : Mémoires imaginaires, collection fiction. [Paris] :
Diaspora française, [1959]. 207 p.

Jeux de mer et de soleil : Poèmes. Illustrations de Mimi Parent et de Oudran. Éditions de l'Ermite, [n.d. — sans date]. [unpaged — sans pagination].

Journal d'Anatole Laplante. éd. originale. S. Brousseau, 1947. 146 p.

Journal philosophique et littéraire : Collection les essais. Diaspora française, [1961]. 77 p.

Leur Inquiétude. Lévesque, [1936]. 244 p.

Louis Préfontaine, apostat : Autobiographie approximative. Éditions du Jour, [1967]. 156 p.

Méditations philosophiques 1952-1962 : Collection les essais. Paris : Diaspora française, [n.d. — sans date]. 53 p.

Mes Naufrages : Poèmes. Paris : Éditions de l'Ermite, [1951]. [unpaged — sans pagination].

Mondes chimériques. Éditions Pascal, [1944]. 148 p.

La Morte. Paris : Diaspora française, 1965. 26 p.

Nous ferons l'avenir. Fides, 1945. 135 p.

O Canada, mon pays, mes amours : Collection les essais. Diaspora française, [1959]. 176 p.

Poèmes d'hier et d'aujourd'hui : 1927-1967. Réed. rev. et augm. d'*Anthologie 1934-1964.* [Préface de l'auteur]. Parti Pris; Diaspora française, [1967]. 180 p.

Poèmes européens : Collection les poèmes. Diaspora française, [n.d. — sans date]. 56 p.

Poèmes perdus et retrouvés, anciens et nouveaux. Rev. et corr. Paris : Diaspora française, 1966. 23 p.

Pour un ordre personnaliste. Éditions de l'Arbre, [1942]. 330 p.

Six Femmes, un homme : Roman. Paris : Éditions de l'Ermite, 1949. 186 p.

Strophes et catastrophes. Éditions de l'Arbre, [1943]. 111 p.

Vers une sagesse : Collection les essais. Diaspora française, [1966]. 135 p.

Les Voix de mon rêve. Lévesque, 1934. 157 p.

DUBÉ, Yves

Étranges Domaines. [par] André Brochu, J.-André Contant [et] Yves Dubé. Préface de Germaine Guèvremont. Éditions de la Cascade, 1957. [unpaged — sans pagination].

DUBLY, Henry Louis

A l'ombre du vieil érable : Récit des fêtes franco-canadiennes en Flandre, mai 1927. Avant-propos de Jean Bruchési. Lille : Mercure de Flandre, 1928. 76 p.

DUBOIS-McCABE, L.

La Folle de la Pointe du Mort : Roman canadien inédit. Illustrations d'Albert Fournier. Garand, [c 1929]. 80 p.

DUBUC, Carl

Brigandages : Un Livre pas sérieux. [Préface de Roger Baulu]. Cavendish, 1950. 100 p.

Les Doléances du notaire Poupart. Textes recueillis. Éditions du Jour, [1961]. 125 p.

Jazz vers l'infini. Huit dessins inédits de Gabriel Filion. Éditions Pascal, [1944]. 93 p.

Lettre à un français qui veut émigrer au Québec. Éditions du Jour, [1968]. 158 p.

DUBUC, Pierre Carl voir Dubuc, Carl

DUCHARME, Réjean

L'Avalée des avalés. [Paris] : Gallimard, [1967, c 1966]. 281 p.

L'Avalée des avalés. [1ère éd. canadienne]. Éditions du Bélier, [c 1967]. 341 p.

Le Nez qui vogue. [Paris] : Gallimard, 1967. 279 p.

L'Océantume. [Paris] : Gallimard, 1968. 192 p.

The Swallower Swallowed. Translated from the French by Barbara Bray. London : Hamilton, [1968]. 237 p.

> Michel van Schendel. *Ducharme, l'inquiétant.* [Faculté des Lettres de l'Université de Montréal], [1967]. 24 p. (Conférences J.-A. de Sève, 8).

DUCHESNE, Jacques

Le Quadrille : Comédie en deux actes. Cercle du Livre de France, [1968]. 213 p.

DUCLOS, Jocelyn-Robert

Les Idoles de chair. Sans le Sou, 1966. 78 p.

Poèmes en verts. Sans le Sou, 1965. 62 p.

Tams-tams. Hull : Sans le Sou, 1964. 69 p.

Volets clos : Poèmes. Ottawa : Sans le Sou, 1964. [unpaged — sans pagination].

DUCLOS DE CELLES, Alfred voir De Celles, Alfred Duclos

DUDEK, Louis

Poetry of Our Time : An Introduction to twentieth-century Poetry Including Modern Canadian Poetry. Toronto : Macmillan, [c 1965]. 376 p.

DUFAULT, Paul

Sanatorium. [L'Imprimerie Modèle], 1938. 179 p.

DUFOUR, Joseph-Donat

Vers les sommets : Roman. [Lettre-préface de Alfred DesRochers].
Sherbrooke : L'auteur, [1935]. 224 p.

Visions françaises et canadiennes. Avec préface de M. le Juge J.-H.
Lemay de Sherbrooke. Québec : Le Soleil, 1929. 103 p.

> Soeur Georges-Etienne, comp. «Bio-bibliographie de M. J.-D.
> Dufour, Professeur à l'École Normale Marguerite Bourgeois.»
> [Préface de M. le chanoine Victor Vincent]. Sherbrooke :
> [n.p. — sans éditeur], 1946. 64 p. (Microfilm)

DUFRESNE, Anne-Marie (de Launière)

Récits indiscrets. Beauchemin, 1961. 189 p.

DUFRESNE, Jean (pseud.) voir Valois, Marcel

DUGAS, Alphonse Charles

*Gerbes de souvenirs; ou, Mémoires, épisodes, anecdotes, et réminiscences
du Collège Joliette, franc et sincère.* Arbour et Dupont, 1914. 2 vols.

DUGAS, Georges

Légendes du nord-ouest. Cadieux et Derome, [1883]. 141 p.

Légendes du nord-ouest. Beauchemin, 1912. 140 p.

> Marthe Lemieux, comp. «Bio-bibliographie de Monsieur l'abbé
> Georges Dugas, missionaire.» [n.p. — sans éditeur], 1948.
> iv + 8 p. (Microfilm)

DUGAS, Marcel (Tristan Choiseul, Sixte le Débonnaire,
Marcel Henry pseuds.)

Approches. Québec : Éditions du Chien d'Or, 1942. 113 p.

Apologies. Paradis-Vincent, 1919. 110 p.

Confins. Paris : [n.p. — sans éditeur], 1921. 132 p.

Feux de Bengale : A Verlaine glorieux. 2e éd. Marchand, 1915. 43 p.

Littérature canadienne : Aperçus. [Préface de l'auteur]. Paris : Firmin-
Didot, [1929]. 202 p.

Nocturnes. [Imprimerie Générale, Clermont], [n.d. — sans date].
178 p.

Paroles en liberté. Éditions de l'Arbre, [1944]. 174 p.

Pots de fer. Québec : Éditions du Chien d'Or, 1941. 55 p.

Psyché au cinéma. Paradis-Vincent, 1916. 110 p.

Un Romantique canadien, Louis Fréchette; 1839-1908. Paris : Revue
Mondiale, 1934. 294 p.

Un Romantique canadien, Louis Fréchette; 1839-1908. Nouv. éd. Beauchemin, 1946. 318 p.

Salve Alma Parens. Québec : Éditions du Chien d'Or, 1941. 23 p.

Le Théâtre à Montréal : Propos d'un huron canadien. [Préface de l'au-
teur]. Paris : Falque, 1911. 247 p.

Verlaine, essai. Paris : Radot, [1928]. 79 p.

Versions : Louis le Cardonnel, Charles Péguy. Maison Francq, 1917. 88 p.

> Madeleine Bourgeois, comp. «Bio-bibliographie de Monsieur Marcel Dugas.» Préface de M. François Vézina. [n.p. — sans éditeur], 1944. xi + 72 p. (Microfilm)
>
> Suzanne Desjardins, comp. «Notes bio-bibliographiques sur Marcel Dugas.» [n.p. — sans éditeur], 1948. 11 p. (Microfilm)

DUGRÉ, Adélard

La Campagne canadienne : Croquis et leçons. [Préface de l'auteur]. Messager, 1925. 235 p.

DUGUAY, Mme Jeanne L'Archevêque

> Marielle Côté, comp. «Bio-bibliographie de Mme Jeanne L'Archevêque Duguay.» École de bibliothécaires, 1947. 25 p. (Microfilm)
>
> Thérèse Duguay, comp. «Bio-bibliographie de Jeanne l'Archevêque Duguay.» Préface de Monseigneur Albert Tessier, P. D. École de bibliothécaires, 1951. 26 p. (Microfilm)

DUGUAY, Raoul

Or le cycle du sang dure donc. Estérel, 1967. 94 p.

Ruts. Estérel, [1966]. 90 p.

DUHAMEL, Roger

L'Air du temps. Cercle du Livre de France, [1968]. 203 p.

Bilan provisoire. Beauchemin, 1958. 175 p.

Lettres à une provinciale. Beauchemin, 1962. 252 p.

Littérature : 1ère série. [Presses de Laplante et Langevin], 1948. 246 p.

Les Moralistes français : Études et choix de textes. Lumen, [1947]. 194 p.

> Paule Rolland, comp. *Bio-bibliographie de Roger Duhamel.* Préface par Alain Grandbois. Université de Montréal : École de bibliothécaires, [1954, c 1952]. xv + 208 p.

DULAC, Paul (pseud.) voir Pelletier, Georges

DUMONT, Fernand

L'Ange du matin : Poèmes; suivis de Conscience du poème. [Préface de Clément Lockquell]. Éditions de Malte, [1952]. 79 p.

Le Lieu de l'homme : La Culture comme distance et mémoire. H.M.H., 1968. 233 p.

Littérature et société canadiennes-françaises : Deuxième Colloque de la revue Recherches sociographiques du Département de sociologie et anthropologie de l'Université Laval. Ouvrage réalisé sous la direction de Fernand Dumont et Jean-Charles Falardeau. Québec : Presses de l'Université Laval, 1964   272 p.

DUPIRE, Louis

> Claire Couillard. «Essai bio-bibliographique sur Louis Dupire.» École de bibliothécaires, 1952. 43 p. (Microfilm)

DUPUIS, Armande

Méditations : Poèmes. [n.p. — sans éditeur], [n.d. — sans date]. 94 p.

DUPUY, Jacqueline

Dialogue dans l'infini. Bruges, Paris : Desclée de Brouwer, 1967. 151 p.

Dure est ma joie. Paris : Flammarion, 1962. 187 p.

Le Sabre d'Arlequin : Roman. Péladeau, [1956]. 311 p.

DUPUY, Michel

La Source et le feu : Roman. Sociétés d'Édition et de librairie, [1954]. 244 p.

DUPUY, Pierre

André Laurence : Canadien français. Paris : Pilon, [1930]. ii + 246 p.

DURAND, Donat

> Marielle Durand, comp. «Essai de bio-bibliographie : Monsieur Donat Durand, B.A., licencié en sciences pédagogiques, professeur à l'École Normale Jacques Cartier.» Université de Montréal : École de bibliothécaires, 1953. vii + 29 p. (Microfilm)

DURANDAL (pseud.) voir Michaud, Guy

DUROCHER, Olivier (pseud.) voir Marie-Henriette-de-Jésus, Soeur

DU SOL, Jean (pseud.) voir Angers, Charles

DUSSAULT, Jean Claude

Le Jeu des brises. Éditions d'Orphée, [1956]. 51 p.

Proses : Suites lyriques. Éditions d'Orphée, [1955]. 119 p.

Sentences d'amour et d'ivresse, Éditions d'Orphée, [1958]. [unpaged — sans pagination].

DUSSAULT, Virginie

Amour vainqueur. [Préface de l'auteur]. Constantineau, 1915. 164 p.

DUVAL, André
Le Mercenaire : Roman. Québec : Garneau, [n.d. — sans date]. 220 p.

DUVAL, Clovis
Les Aspects : Sonnets. [Préface de Jean-Louis Vaneille]. Saint-Lo : «Scripta,» 1936. 164 p.
Les Fleurs tardives. [Imprimerie du Peuple], 1923. 211 p.

DUVAL-THIBAULT, Mme voir Thibault, Anna Marie (Duval)

DUVERNAY, Ludger
Roland Auger, comp. «Essai de bio-bibliographie sur Ludger Duvernay, imprimeur, journaliste et fondateur de la Société Saint-Jean-Baptiste.» Préface de M. Jules Bazin. École de bibliothécaires de l'Université de Montréal, 1953. xiii + 114 p. (Microfilm)

DYER, Sheila Josephine
«Two Generations of Modern French Canadian Poets : A Study in Contrasts.» M.A. thesis, University of British Columbia, 1969. 117 p.

L'ÉCOLE LITTÉRAIRE DE MONTRÉAL
Les Soirées du Château de Ramezay. [Un Mot au lecteur de Charles Gill]. Senécal, 1900. ix + 402 p.
Écrits de la Taverne Royale. [Préface de Guy Hache]. Éditions de l'Homme, [1962]. 139 p.

ÉLIE, Robert
Borduas. Éditions de l'Arbre, 1943. 24 p.
Farewell My Dreams. Translated by Irene Coffin. Toronto : Ryerson, [1954]. 213 p.
La Fin des songes : Roman (Prix David 1950). Beauchemin, 1950. 256 p.
La Fin des songes. Précédé d'une chronologie, d'une bibliographie, et de jugements critiques. Fides, [1968]. 213 p.
Il suffit d'un jour : Roman. Beauchemin, 1957. 230 p.
Marc Gagnon. *Robert Élie.* Fides, [1968]. 188 p.

ELLIS, Madeleine Blanche
Robert Charbonneau et la création romanesque : Une Étude de textes. [Préface de Bénoît Lacroix]. Éditions du Lévrier, 1948. 62 p.
De Saint-Denys Garneau : Art et réalisme; suivi d'un petit dictionnaire poétique. [Préface de l'auteur]. Chantecler, [1949]. 197 p.

ÉTHIER-BLAIS, Jean
Exils. [Faculté des lettres de l'Université de Montréal], [1965]. 32 p. (Conférences J. A. de Sève, 5).

Mater Europa. Cercle du Livre de France; [Paris] : [Grasset], [c 1968]. 170 p.

Signets I. [Littérature canadienne-française]. Cercle du Livre de France, 1967. 192 p.

Signets II. [Littérature canadienne-française]. Cercle du Livre de France, 1967. 247 p.

ÉTIENNE, Gérard

Lettre à Montréal. Estérel, [1966]. 32 p.

EVANTUREL, Eudore

Premières Poésies, 1876-1878. Avec une préface de Joseph Marmette. 2e éd. Québec : Côté, 1878. xxi + 203 p.

ÉVANTUREL, François

Les Deux Cochers de Québec : Souvenirs historiques. Québec : Darveau, 1886. viii + 240 p.

FABRE, Hector

Chroniques. Québec : L'Événement, 1877. 264 p.

FAILLON, Étienne-Michel

Louis-Georges Deland, prtre, comp. «Bio-bibliographie de M. Étienne-Michel Faillon, P.S.S.» Préface de Mgr Olivier Maurault. Trois-Rivières : École de bibliothécaires de l'Université de Montréal, 1946. xiii + 68 p. (Microfilm)

FALARDEAU, Claude

Le Dictionnaire d'un Québécois. Éditions de l'Homme, 1966. 143 p.

FALARDEAU, Jean-Charles

L'Évolution du héros dans le roman québécois. [Presses de l'Université de Montréal], [1968]. 36 p. (Conférences J. A. de Sève, 9).
Notre Société et son roman. H.M.H., 1967. 234 p.

FALERME, Jean

J'ai voulu être reine. Librairie Générale Canadienne, [1951, c 1946]. 136 p.

FARGES, Marcel

Quelques Poètes étrangers de langue française (canadienne-suisses). Paris : Revue Moderne, 1962. 77 p.

FARLEY, Paul-Émile
Jean-Paul : Roman. Illustrations du Père Wilfrid Corbeil. Clercs de St-Viateur, 1939. 214 p.

FARQUHAR, Simone Paula(Brisson)
«Anthe ou l'ouest canadien dans l'oeuvre de Maurice Constantin-Weyer et de Georges Bugnet.» M.A. thesis, University of British Columbia, 1966. 150 p.

FAUCHER, Claire (Montreuil) (Claire Martin, pseud.)
Avec ou sans amour. Cercle du Livre de France, 1958. 185 p.
Dans un gant de fer. Cercle du Livre de France, [c 1965]. 235 p.
Dans un gant de fer II : La Joue droite. Cercle du Livre de France, [c 1966]. 209 p.
Doux-Amer : Roman. Cercle du Livre de France, [1960]. 192 p.
In an Iron Glove. Translated by Philip Stratford. [Translator's Preface and Foreword by the Author]. Toronto : Ryerson, 1968. ix + 327 p.
Quand j'aurai payé ton visage : Roman. Cercle du Livre de France, [c 1962]. 187 p.

FAUCHER DE SAINT-MAURICE, Narcisse
A la brunante : Contes et récits. [Préface de l'auteur]. Duvernay frères et Dansereau, 1874. vi + 347 p.
A la veillée : Contes et récits. [Préface de l'auteur]. Darveau, 1880. iii + 199 p.
A la veillée : Contes et récits. Darveau, 1883. iii + 189 p.
Le Canada et les Canadiens-français pendant la guerre franco-prussienne. Québec : Côté, 1888. 56 p.
Choses et autres : Études et conférences. Duvernay frères et Dansereau, 1874. 294 p.
Contes et récits. (A la brunante. A la veillée.) Illustrations de Y. Farcy. [Préface de l'auteur]. Granger; Tours : Alfred Mame, [1930]. 168 p.
De Québec à Mexico : Souvenirs de voyage, de garnison, de combat et de bivouac. Duvernay frères et Dansereau, 1874. 2 vols.
De tribord à bâbord : Trois Croisières dans le golfe Saint-Laurent. Duvernay & Dansereau, 1877. vi + 458 p.
Deux Ans au Mexique. Avec une notice, par M. Coquille, rédacteur du journal Le Monde de Paris. 5e éd. Cadieux et Derome, 1881. 189 p.
En route : Sept Jours dans les provinces maritimes. Québec : Côté, 1888. 280 p.
Loins du pays : Souvenirs d'Europe, d'Afrique et d'Amérique. Québec : Côté, 1889. v + 411 p.
Notes pour servir à l'histoire de l'Empereur Maximilien (D'après ses oeuvres, les récits du capitaine d'artillerie Albert Hans, du médecin

particulier de S.M. le docteur Basch et des témoins oculaires de l'exécution). Québec : Côté, 1889. 228 p.

Promenades dans le golfe Saint-Laurent : Une Partie de la côte nord — l'Île aux Oeufs — l'Anticosti — l'Île Saint-Paul — l'Archipel de la Madeleine. Québec : Darveau, 1879. 207 p.

Promenades dans le golfe Saint-Laurent : Nouvelle-Écosse — Île du Prince-Édouard — Nouveau-Brunswick — La Baie des chaleurs — La Gaspésie. 2ᵉ éd. Québec : Darveau, 1880. 238 p.

Promenades dans le golfe Saint-Laurent : Nouvelle-Écosse — Île du Prince-Édouard — Nouveau-Brunswick — La Baie des chaleurs — La Gaspésie. [Deuxième partie]. 3ᵉ éd. Québec : Darveau, 1881. 238 p.

> Claire Desjardins, comp. «Bio-bibliographie de M. Narcisse Henri Édouard Faucher de Saint-Maurice.» [n.p. — sans éditeur], [n.d. — sans date]. 19 p. (Microfilm)
>
> Louis-H. Taché. *Faucher de St. Maurice.* Senécal, 1886. 142 p.

FAVREAU, Mariane (pseud.) voir Marsolais, Jacqueline

FERLAND, Albert

Le Canada chanté. Déom, 1908-1910. 4 vols.

Femmes rêvées. Illustrations de Géo. Delfosse, Gravures de A. Morisette. [Préface de M. Louis Fréchette]. L'auteur, 1899. ii + 48 p.

Les Horizons. Illustrations de l'auteur. Déom, 1908. 32 p.

Mélodies poétiques. [Préface de Rémi Tremblay]. Bédard, 1893. 141 p.

Montréal ma ville natale, de Ville-Marie à nos jours : Poèmes. Ferland, 1946. 122 p.

> Eugène Brisbois, comp. «Bibliographie d'Albert Ferland, 1872-1943.» [Préface de M. Joseph Brunet]. [n.p. — sans éditeur], 1945. ix + 30 p. (Microfilm)
>
> Hélène Favreau, comp. «Notes bio-bibliographiques sur Monsieur Albert Ferland, poète et artiste.» [n.p. — sans éditeur], 1948. iv + 14 p. (Microfilm)

FERLAND, Réal

Carrousel. Éditions Nocturne, 1959. 37 p.

FERLAND-ANGERS, Mme Albertine

> Soeur Germaine Ménard, S.G.M., comp. «Bio-bibliographie de Madame Albertine Ferland-Angers, Conseillère à la Société historique de Montréal.» École de bibliothécaires, 1947. 19 p. (Microfilm)

FÉRON, Jean (pseud.) voir Lebel, Joseph Marc Octave Antoine

FERRON, Jacques

La Barbe de François Hertel : Le Licou. Éditions d'Orphée, [n.d. — sans date]. 110 p.

Gazou; ou, Le Prix de la virginité : Pièce en un acte. Éditions d'Orphée, [1963]. 86 p.

La Charrette : Roman. H.M.H., 1968. 207 p.

Le Cheval de Don Juan : Pièce en trois actes. Éditions d'Orphée, [1957]. 223 p.

Contes anglais et autres. Éditions d'Orphée, [1964]. 153 p.

Contes du pays incertain. Éditions d'Orphée, [1962]. 200 p.

Cotnoir. Éditions d'Orphée, [1962]. 99 p.

Le Dodu. Éditions d'Orphée, [1956]. 91 p.

Le Fou du roi. A.G.E.U.M., 1963.

Les Grands Soleils. Éditions d'Orphée, [1958]. 180 p.

Le Licou. Éditions d'Orphée, [1958]. 103 p.

La Nuit. Parti Pris, [1965]. 134 p.

L'Ogre. Cahiers de la File Indienne, [n.d. — sans date]. 83 p.

Papa Boss. Parti Pris, [c 1966]. 142 p.

La Recherche du pays. A.G.E.U.M., 1963

Tante Élise. Éditions d'Orphée, [1956]. 102 p.

La Tête du roi. A.G.E.U.M., 1963. 93 p.

Théâtre 1 : Les Grands Soleils, Tante Élise, Le Don Juan chrétien. Déom, [1968]. 229 p.

FERRON, Madeleine

Coeur de sucre : Contes. H.M.H., 1966. 219 p.

La Fin des loups-garous. H.M.H., 1966. 187 p.

FILIATRAULT, Jean

L'Argent est odeur de nuit. Cercle du Livre de France, [1961]. 187 p.

Chaînes. Ottawa : Cercle du Livre de France, [1955]. 246 p.

Le Refuge impossible : Roman. Illustré par Clément. Cercle du Livre de France, [1957]. 197 p.

Terres stériles : Roman. Québec : I.L.Q., [c 1953]. 206 p.

FILION, Jean-Paul

Demain les herbes rouges. Éditions de l'Hexagone, [1962]. 31 p.

Du centre de l'eau. Éditions de l'Hexagone, [1955]. [unpaged — sans pagination].

Un Homme en laisse : Roman. Éditions du Jour, [1962]. 124 p.

FILION, Laetitia

A deux. Lévis : [Le Quotidien], [1937]. 181 p.

Amour moderne. [Beauceville] : [L'Éclaireur], [1939]. 143 p.

L'Espion de l'Île-Aux-Coudres. [Beauceville] : [L'Éclaireur], [1941].
173 p.

FLAMME, Hélène

Claude et Claudine : Roman. Illustrations de Maurice Petitdidier. Fides,
[1956]. 127 p.

FONTAINE, Nathalie

Le Képi et la cravache. Cercle du Livre de France, [c 1962]. 211 p.
Maudits Français. Éditions de l'Homme, [1964]. 250 p.

FONTAINE, Odette (Paradis)

Les Joies atroces : Poèmes. Québec : Garneau, [1962]. 92 p.

FOREST, M.-Ceslas

Florence Triquet, comp. «Bio-bibliographie du T. R. P. Forest,
O. P., Doyen de la Faculté de Philosophie de l'Université de
Montréal.» [n.p. — sans éditeur], 1945. 49 p. (Microfilm)

FORTIER, Auguste

Les Mystères de Montréal :Roman canadien. Desaulniers, 1893. 455 p.

FORTIER, Frère Lévis

Le Message poétique de Saint-Denys-Garneau. Préface de Guy Sylvestre. Ottawa : Éditions de l'Université, 1954. 230 p.

FORTIER, Mme Taschereau (Maxine, pseud.)

Frontenac 1672-1689. Illustrations de J.-Arthur Lemay. Lévesque, 1933.
29 p.
Les Orphelins de Grand-Pré. Lévesque, 1932. 161 p.
Le Petit Page de Frontenac. Illustrations de M. Jean Paul Lemieux.
Action canadienne-française, 1930. 168 p.
Le Tambour du régiment. Illustrations de Maud Devlin. Beauchemin,
1944. 137 p.

Lucile Bélanger, comp. «Notes bio-bibliographiques sur Maxine.» École de bibliothécaires, 1953. 24 p. (Microfilm)

FORTIN, Blanche (Maria de Bellefontaine, pseud.)

Un Amour. [Lamirande], [1941]. 95 p.

FORTIN, Marie-Anna

Le Credo du matin : Bleu Poudre. Préface de M. Alfred DesRochers.
[Le Devoir], 1939. 142 p.

FOUGÈRE, Annie (Marie Fouquereau, pseud.)

La Famille Guenonvert. Librairie Générale Canadienne, [1956]. 79 p.

Pim et Poum, oursons au grand coeur. Librairie Générale Canadienne, [1956]. 80 p.

FOURNIER, Claude

Le Ciel fermé. Éditions de l'Hexagone, [1956]. [unpaged — sans pagination].

FOURNIER, Guy

Terres prochaines. Éditions d'Orphée, [1958]. [unpaged — sans pagination].

FOURNIER, Jules

Anthologie des poètes canadiens. Mise au point et préfacée par Olivar Asselin. [Granger], 1920. 309 p.

Jules Fournier. Textes choisis et présentés par Adrien Thério. Fides, [1957]. 92 p.

Mon Encrier : Recueil posthume d'études et d'articles choisis, dont deux inédits. Préface de Olivar Asselin. Madame Jules Fournier, 1922. 2 vols.

Mon Encrier. Introduction d'Adrien Thério. Préface d'Olivar Asselin. Fides, [c 1965]. 350 p.

> Henriette Fortier. «Bio-bibliographie de Jules Fournier.» Préface de Madame Jules Fournier. [n.p. — sans éditeur], 1942. 138 p. (Microfilm)
>
> Juliette Lapierre. «Notes bio-bibliographiques sur Jules Fournier, journaliste.» [n.p. — sans éditeur], 1948. 8 p. (Microfilm)
>
> Adrien Thériault. *Jules Fournier, journaliste de combat.* Fides, [1954]. 244 p.

FOURNIER, Roger

A nous deux : Roman. [Préface de Henri Guillemin]. Cercle du Livre de France, [c 1965]. 210 p.

Les Filles à Mounne. Cercle du Livre de France, [c 1966]. 163 p.

Inutile et adorable : Roman. Cercle du Livre de France, [1963]. 204 p.

Journal d'un jeune marié : Roman. Cercle du Livre de France, [c 1967]. 198 p.

La Voix : Roman. Cercle du Livre de France, [1968]. 230 p.

FRANCE, Claire (pseud.) voir Morin, Claire

FRANCHARME (pseud.) voir Tisseyre, Pierre

FRANCHEVILLE, Geneviève de (pseud.) voir Potvin, Berthe

FRANCIS, Claude

Divertissements littéraires : Tome I. Moyen Age et Renaissance. Trois-Rivières : Éditions Trifluviennes, 1954. 394 p.

FRANCOEUR, Jacqueline

Aux sources claires. Illustrations de Simone Hudon. Lévesque, 1935. 147 p.

FRANCOEUR, Louis

Littérature à la manière de . . . Henri Bourassa, René Chopin, Valdombre [et al.]. [par] Louis Francoeur [et] Philippe Panneton. 3e éd. Variétés, [n.d. — sans date]. 119 p.

        Richard Dubuc, comp. «Essai de bio-bibliographie sur Louis Francoeur, journaliste.» n.p. — sans éditeur], 1950. 17 p. (Microfilm)

FRANCOEUR, Madame

Trente Ans Rue St-François-Xavier et ailleurs. Garand, 1928. 134 p.

FRANCOEUR, Sylvie

Arc-boréal : Poèmes. [Introduction de Georges Boulanger]. Éditions Nocturne, 1964. 101 p.
Étoile du destin. Éditions Nocturne, 1966. 103 p.
Nuage au vent : Poèmes. [Éditions Nocturne], [n.d. — sans date]. 77 p.

FRANÇOISE (pseud.) voir Barry, Robertine

FRANDERO (pseud.) voir Des Roches, Francis

FRASER, Ian Forbes

Bibliography of French-Canadian Poetry : From the Beginnings of the Literature through the École littéraire de Montréal. New York : Columbia University, [c 1935]. 105 p.
The Spirit of French Canada : A Study of the Literature. Toronto : Ryerson, 1939. 219 p.

FRÉCHETTE, Louis Honoré

Bienvenue à son altesse royale le duc d'York et de Cornwall, septembre 1901. Granger, 1901. [unpaged — sans pagination].
Cent Morceaux choisis. Recueillis par sa fille, Pauline Fréchette et dédiés aux petits enfants du poète. [Préface de L.-O. David]. [Beauceville] : [L'Éclaireur], 1924. 240 p.

Christmas in French Canada. With illustrations by Frederic Simpson Coburn. [Preface by the author]. Toronto : George N. Morang. 1899. xv + 262 p.

Contes d'autrefois. [par] Louis Frechette, Honoré Beaugrand, Paul Stevens. [Préface des éditeurs]. Beauchemin, 1946. 274 p.

Feuilles volantes : Poésies canadiennes. Granger, 1891. 208 p.

Les Fleurs boréales, Les Oiseaux de neige : Poésies canadiennes. Québec : Darveau, 1879. 268 p.

Les Fleurs boréales, Les Oiseaux de neige : Poésies canadiennes, couronnées par l'Académie Française. Paris : E. Rouveyre; Em. Terquem, 1881. 264 p.

Les Fleurs boréales, Les Oiseaux de neige : Poésies canadiennes, couronnées par l'Académie Française. 3e éd. Beauchemin, 1886. 278 p.

Fréchette. Textes choisis et présentés par Michel Dassonville. Fides, [1959]. 95 p.

Jean-Baptiste de La Salle, fondateur des écoles chrétiennes : Poème lyrique. 50 rue Cotté, 1889. 55 p.

La Légende d'un peuple. Avec une préface de Jules Claretie. Paris : Librairie Illustrée, [1887]. vii + 347 p.

Les Lutins, par Louis Fréchette; *suivi de Fortune Bellehumeur,* par Paul Stevens; *Légende du Rocher de Percé,* par Françoise; *Grenon,* par É. Z. Massicotte; *La Voix du peuple,* par A. D. De Celles. Beauchemin, [c 1919]. 90 p.

Mémoires intimes. Texte établi et annoté par George A. Klinck. [Préface de Michel Dassonville]. Fides, [c 1961]. 200 p.

La Noël au Canada : Contes et récits. Illustrations par Frédéric Simpson Coburn. Toronto : George N. Morang Co., 1900. xix + 288 p.

Notre Histoire : A la mémoire de F.-X. Garneau. [Histoire du Canada depuis sa découverte jusqu'à nos jours par F.-X. Garneau]. 4e éd. Beauchemin, 1883. Tome IV. 398 p.

Originaux et détraqués : Douze Types québecquois. [Préface-dédicace de l'auteur]. Patenaude, 1892. 360 p.

Papineau : Drame historique canadien en quatre actes et neuf tableaux. Chapleau & Lavigne, 1880. 100 p.

Pêle-mêle : Fantaisies et souvenirs poétiques. Lovell, 1877. 274 p.

Poésies choisies, Première Série : La Légende d'un peuple. Avec une préface de Jules Claretie. Illustrations de Henri Julien. Éd. définitive, rev. corrigée, et augmentée. Beauchemin, 1908. 370 p.

Poésies choisies, Toisième Série : I Épaves poétiques; II Véronica, drame en cinq actes. [Préface de l'auteur]. Beauchemin, 1908. 324 p.

Le Retour de l'exilé : Drame en cinq actes et huit tableaux. Chapleau & Lavigne, 1880. 72 p.

Selections from His Writings. Translated with biographical and critical sketch by Maurice F. Egan. Wagner's Library of the World's Best Literature, Volume 10, pp. 5964-70.

La Voix d'un exilé, première et seconde année : Poésie. [n.p. — sans éditeur], [1868]. 18 p.

Une Rencontre : Roman de deux touristes sur le Saint-Laurent et le Saguenay. [Traduit par] Louis Fréchette. [Traduction de «A Chance Acquaintance» de William Dean Howells. Société de Publications Françaises, 1893. 132 p.

Henri d'Arles. *Louis Fréchette.* Toronto : Ryerson, [1924]. 127 p.

Marcel Dugas. *Un Romantique canadien : Louis Fréchette, 1839-1908.* Paris : Revue Mondiale, 1934. 294 p.

——. *Un Romantique canadien : Louis Fréchette, 1839-1908.* Nouv. éd. Beauchemin, 1946. 318 p.

Germaine Gervais, comp. «Bio-bibliographie de Louis Fréchette, poète.» [n.p. — sans éditeur], 1948. iv + 17 p. (Microfilm)

George A. Klinck. *Louis Fréchette prosateur : Une Réestimation de son oeuvre.* [Lévis] : [Le Quotidien], 1955. 236 p.

Lucien Serre. *Louis Fréchette : Notes pour servir à la biographie du poète.* Frères des Écoles chrétiennes, [c 1928]. iv + 294 p.

FRÉCHETTE, Pauline

Tu m'as donné le plus doux rêve. Préface de Gonzalve Desaulniers. [Le Devoir], [1924]. 122 p.

FRÉGAULT, Guy

Juliette Lucier, comp. «Bio-bibliographie de M. Guy Frégault, historien (1918).» Préface de M. le chanoine Lionel Groulx. [n.p. — sans éditeur], 1945. 40 p. (Microfilm)

FRÉMONT, Donatien

Soeur Elisabeth de Moissac, S.G.M., comp. «Notes bio-bibliographiques sur Donatien Frémont.» École de bibliothécaires, 1947. 15 p. (Microfilm)

Wilfrid Gaboriault, comp. «Bio-bibliographie de M. Donatien Frémont.» [n.p. — sans éditeur], 1946. 138 p. (Microfilm)

FUGÈRE, Jean-Paul

Les Terres noires. H.M.H., 1965. 199 p.

GADOURY, Nicole

Arabesques matinales : Poèmes. Éditions Nocturne, 1965. 134 p.

GAGNÉ, André Gil (André Gil, pseud.)
Désormais comme hier. Cercle du Livre de France, [c 1967]. 149 p.

GAGNON, Alphonse
Intensité : Poèmes et parodies. Éditions du Jour, [1964]. 111 p.
Une Lune de trop : Escale de deux lunes sur la planète des Divins-Sots.
Éditions du Jour, [c 1964]. 246 p.

GAGNON, Blanche
Grains de sable. [Prélude de C. H. Lefebvre]. Québec : Action sociale,
1921. 151 p.
Réminiscences et actualités. Québec : Garneau, 1939. 254 p.

GAGNON, Charles Alphonse
Nouvelles et récits. Québec : Darveau, 1885. 207 p.
Questions d'hier et d'aujourd'hui. Lille : Desclée de Brouwer, 1913.
304 p.

GAGNON, Émile
Une Fille est venue : Roman. [2e éd.]. Québec : Édition du Quartier
Latin, [1952]. 231 p.

GAGNON, Ernest
Chansons populaires du Canada. Recueillies et publiées avec annota-
tions, etc. [Préface de l'auteur]. 3e éd. Québec : Darveau, 1894.
xvii + 350 p.
Chansons populaires du Canada. Recueillies et publiées avec anno-
tations. [Préface de l'auteur]. 4e éd., conforme à l'édition de 1880.
Québec : Darveau, Beauchamp, 1900. xvii + 350 p.
Chansons populaires du Canada. Receuillies et publiées avec anno-
tations. [Préface de l'auteur]. 5e éd., conforme à l'édition de 1880.
Beauchemin, 1913. 351 p.
Choses d'autrefois : Feuilles éparses. [Préface de l'auteur] . Québec :
Dessault & Proulx, 1905. 320 p.
Le Comte de Paris à Québec : Récit. Avec une introduction par le
juge Routhier. Québec : Darveau, 1891. lxvii + 157 p.
Feuilles volantes et pages d'histoire. [Préface de l'auteur]. Québec :
Laflamme & Proulx, 1910. 361 p.
Lettres de voyages. Reproduites du Courrier du Canada et augmen-
tées de quelques notes. Québec : Delisle, 1876. 122 p.
Louis D'Ailleboust. [Préface de l'auteur]. 2e éd. Beauchemin, 1931.
189 p.
Nouvelles Pages choisies. [Préface de B.G.]. Québec : Garneau, 1925.
200 p.

> Roger Bonin, comp. «Bibliographie de Monsieur Ernest
> Gagnon.» Préface de R. P. Gérard Houle, S.J. École de bibli-
> othécaires, 1945. 77 p. (Microfilm)

GAGNON, Ferdinand

> *Ferdinand Gagnon : Sa Vie et ses oeuvres.* Notice biographique et oeuvres de Ferdinand Gagnon, accompagnées de l'oraison funèbre par M. le chanoine J. R. Ouellette. [Préface du compilateur]. Worcester, Mass. : C. F. Lawrence, 1886. 249 p.

GAGNON, Hélène

Blanc et noir. Éditions de l'Arbre, [1944]. 184 p.

GAGNON, Jean B.

Coups de scalpel : Poèmes. [n.p. — sans éditeur], 1923. (295) 195 p.

GAGNON, Jean-Louis

La Mort d'un nègre; suivi de La Fin des haricots : Nouvelles. Éditions du Jour, [1961]. 121 p.
Vent du large. Parizeau, 1944. 302 p.

GAGNON, Marcel-A.

Le Ciel et l'enfer d'Arthur Buies. Québec : Presses de l'Université Laval, 1965. 360 p.
La Lanterne d'Arthur Buies : Propos révolutionnaires et chroniques scandaleuses, confessions publiques. Textes choisis et commentés. Éditions de l'Homme, [1964]. 253 p.
Robert Élie. Fides, [1968]. 188 p.
La Vie orageuse d'Olivar Asselin. [Préface du chanoine Lionel Groulx]. Éditions de l'Homme, [1962]. 302 p.

GAGNON, Maurice

L'Anse aux brumes : Roman. Cercle du Livre de France, [c 1958]. 218 p.
Les Chasseurs d'ombres : Roman. Cercle du Livre de France, [c 1959]. 279 p.
L'Échéance : Roman. Cercle du Livre de France, [1956, c 1955]. 283 p.
Entre tes mains : Roman. Cercle du Livre de France, [c 1960]. 229 p.
L'Inspecteur Tanguay : Meurtre sous la pluie : Roman policier canadien. Éditions du Jour, [1963]. 110 p.
Pellan. Éditions de l'Arbre, 1943. 36 p.
Rideau de neige : Roman. Cercle du Livre de France, [c 1957]. 235 p.
Sur un état actuel de la peinture canadienne. Éditions Pascal, 1945. 158 p.

GAGNON, Micheline

Le Mal de mer, et paragraphes futiles. Éditions de l'Arc, [1966]. 46 p.

GAGNON, Philéas

>Claude Duchesne, comp. «Bio-bibliographie de M. Philéas Gagnon.» Préface de M. Casimir Hébert. [n.p. — sans éditeur], [1947]. 49 p. (Microfilm)

GAGNON, Pierre O.

A la mort de mes vingt ans : Roman. Éditions du Jour, [1968]. 134 p.

GAILLARD de Champris, Henry

L'Impossible Partage : Trois Actes en prose. Québec : Le Soleil, 1926. 154 p.

GALARNEAU, Claude

Edmond de Nevers, essayiste; suivi de Textes choisis. Québec : Presses Universitaires de Laval, 1959. 94 p.

GALLÈZE, Englebert (pseud.) voir Léveillé, Lionel Englebert

GARCEAU, Mme Corinne-P. (Moisette Olier, pseud.)

L'Homme à la physionomie macabre. Garand, 1927. 154 p.
Mademoiselle Sérénité. [Trois-Rivières] : Le Nouvelliste, 1936. 210 p.

GARCIA, Juan

Alchimie du corps. Éditions de l'Hexagone, 1967. 29 p.

GARIGUE, Philippe

Bibliographie du Québec (1955-1965). Avec la collaboration de Raymonde Savard. Presses de l'Université de Montréal, 1967. 277 p.

GARNEAU, François-Xavier

Abrégé de l'histoire du Canada depuis sa découverte jusqu'à 1840, à l'usage des maisons d'éducation. Québec : Côté, 1856. iv + 247 p.
Abrégé de l'histoire du Canada depuis sa découverte jusqu'à 1840, à l'usage des maisons d'éducation. 2ᵉ éd., rev. et corr. [Préface de l'éditeur]. Rolland, 1858. 197 p.
François-Xavier Garneau. Textes choisis et présentés par Arsène Lauzière. Fides, 1965. 95 p.
Histoire du Canada depuis sa découverte jusqu'à nos jours. Québec : Aubin, Fréchette, 1845-1848. 3 vols.
Histoire du Canada depuis sa découverte jusqu'à nos jours. 2ᵉ éd., corr. et aug. Québec : Lovell, 1852. 3 vols.
Histoire du Canada depuis sa découverte jusqu'à nos jours. 3ᵉ éd., rev. et corr. Québec : Lamoureux, 1859. 3 vols.

Histoire du Canada depuis sa découverte jusqu'à nos jours. 4e éd. Précédée d'une étude sur la vie et les oeuvres de l'auteur par M. Chauveau, et d'une table analytique. Beauchemin, 1882-1883. 4 vols.

Histoire du Canada. 6e éd. revue, annotée et publiée avec une introduction et des appendices par son petit-fils Hector Garneau. Préface de M. Gabriel Hanotaux. Paris : Alcan, 1920. 2 vols.

Histoire du Canada. 8e éd. entièrement revue et augmentée par son petit-fils Hector Garneau. Éditions de l'Arbre, [1944-1946]. 9 vols.

History of Canada, from the Time of its Discovery till the Union Year 1840-1841. Translated from *L'Histoire du Canada* of F.-X. Garneau esq., and accompanied by illustrative notes, etc., by Andrew Bell. Lovell, 1860. 3 vols.

History of Canada, from the Time of its Discovery till the Union Year 1840-1841. Translated from *L'Histoire du Canada*, and accompanied with illustrative notes, etc., by Andrew Bell. 2nd. ed. Lovell, 1862. 2 vols.

History of Canada, from the Time of its Discovery till the Union Year 1840-1841. Translated from *L'Histoire du Canada*, and accompanied by illustrative notes, etc., by Andrew Bell. 3rd. ed. Worthington, 1866. 2 vols.

Voyage en Angleterre et en France dans les années 1831, 1832 et 1833. Québec : Côté, 1855. 252 p. (Microfilm)

Voyages en Angleterre et en France dans les années 1831, 1832, et 1833. Texte établi, annoté et présenté par Paul Wyczynski. Ottawa : Éditions de l'Université d'Ottawa, 1968. 375 p.

Voyages. Québec : L. Brousseau, 1878. 168 p.

> Henri-Raymond Casgrain. *F.-X. Garneau et Francis Parkman.* Beauchemin, 1926. 123 p.
>
> *Centenaire de l'Histoire du Canada de François Garneau.* Deuxième Semaine d'histoire à l'Université de Montréal, 23-27 avril 1945. [Avant-propos de Jean-Jacques Lefebvre]. Société historique de Montréal, 1945. 460 p.
>
> Pierre Chauveau. *François-Xavier Garneau : Sa Vie et ses oeuvres.* Beauchemin & Valois, 1883. 281 p.
>
> Gordon Raymond Elliott. «François-Xavier Garneau : An Appraisal.» M.A. thesis — thèse de maîtrise. Vancouver, University of British Columbia, 1954. 144 p.
>
> Gustave Lanctot. *François-Xavier Garneau.* Toronto : Ryerson, [n.d. — sans date]. 197 p.
>
> ———. *Garneau, historien national.* Fides, 1946. 205 p.
>
> ———. *L'Oeuvre historique de Garneau.* [Imprimerie Populaire], 1945. 22 p.
>
> Olivier Maurault. *La Vie intellectuelle au temps de Garneau.* [Imprimerie Populaire], 1945. 15 p.
>
> Georges Robitaille. *Études sur Garneau : Critique historique.* [Préface de l'auteur]. Action canadienne-française, 1930 [c 1929]. 253 p.

Jeannette Rocheleau, comp. «Bibliographie de François Xavier Garneau.» [n.p. — sans éditeur], [n.d. — sans date]. ii + 28 p. (Microfilm)

Paul Wyczynski. *François-Xavier Garneau : Aspects littéraires de son oeuvre.* Ottawa : Éditions de l'Université d'Ottawa, 1966. 207 p.

GARNEAU, Joseph René Sylvain

Objets retrouvés : Poèmes. Introduction et notes de Guy Robert. Déom, [1965]. 331 p.

GARNEAU, Michel

Langage. Éditions à la Page, [1962]. [unpaged — sans pagination].

GARNEAU, Saint-Denys

Journal. Préface de Gilles Marcotte. Beauchemin, 1954. 270 p.

The Journal of Saint-Denys Garneau. Translated by John Glassco. With an Introduction by Gilles Marcotte. [Toronto] : McClelland & Stewart, [c 1962]. 139 p.

Lettres à ses amis. H.M.H., 1967. 489 p.

Nine Poems, from «Poésies complètes.» (With versions in English by Jean Beaupré and Gael Turnbull) [Iroquois Falls, Ont.] : Fides, [1955]. [unpaged — sans pagination].

Poésies complètes : Regards et jeux dans l'espace, Les Solitudes. Fides, 1949. 227 p.

Saint-Denys Garneau. Choix de textes groupés et annotés par Benoît Lacroix. Fides, [c 1956]. 95 p.

Saint-Denys Garneau and Anne Hébert. Translations/Traductions F. R. Scott. [Préface de Gilles Marcotte]. Vancouver : Klanak Pr., [c 1962]. 49 p.

Georges É. Cartier, comp. «Bio-bibliographie de Saint-Denys Garneau.» [Préface de Robert Élie]. École de bibliothécaires, 1952. 84 p. (Microfilm)

M. Ellis. *De Saint-Denys Garneau : Art et réalisme; suivi d'un petit dictionnaire poétique.* [Préface de l'auteur]. Chantecler, [1949]. 197 p.

Frère Lévis Fortier. *Le Message poétique de Saint-Denys Garneau.* Ottawa : Éditions de l'Université, 1954. 230 p.

Romain Légaré, O.F.M. *L'Aventure poétique et spirituelle de Saint-Denys Garneau.* Fides, [1957]. 190 p.

Eva Kushner. *Saint-Denys Garneau.* Choix de textes inédits, bibliographie, portraits, fac-similé. Paris : Seghers, 1967. 192 p.

GASPÉ, Philippe Aubert de

Les Anciens Canadiens. Québec : Côté, 1877. 2 vols.

Les Anciens Canadiens. Beauchemin, [c 1899]. 279 p.

Les Anciens Canadiens. Texte intégral conforme à l'édition de 1864. Précédé d'une chronologie, d'une bibliographie, et de jugements critiques. Fides, [1967]. 359 p.

Cameron of Lochiel. Translated by Charles G. D. Roberts. [Preface by C. G. D. Roberts]. [Foreword by the author]. New ed. Boston : L. C. Page, [1910]. xvii + 287 p.

The Canadians of Old. Translated by Charles G. D. Roberts. [Introduction by Charles G. D. Roberts]. New York : D. Appleton, 1890. 287 p.

Divers. Beauchemin, 1924. 122 p.

Mémoires. Québec : Hardy, 1885. 563 p.

Seigneur d'Haberville (The Canadians of Old) : A Romance of the Fall of New France. Introduction by T. G. Marquis. Toronto : Musson, [c 1929]. 333 p.

    Simone Boyer, comp. «Notes bio-bibliographiques sur Philippe Aubert de Gaspé.» École de bibliothécaires, 1948. iv + 13 p. (Microfilm)

    Pierre Georges Roy. *A travers les mémoires de Philippe Aubert de Gaspé,* Ducharme, 1943. 296 p.

    Jacqueline Trépanier, comp. «Bio-bibliographie de Philippe Aubert de Gaspé.» [n.p. — sans éditeur], 1943. 26 p. (Microfilm)

GASPÉ, Philippe Aubert (fils)

Le Chercheur de trésors; ou, L'Influence d'un livre. [Préface de l'auteur]. Québec : L. Brousseau, 1878. 166 p.

Le Chercheur de trésors : ou, L'Influence d'un livre. Réédition-Québec, 1968. 98 p.

GAUDET-SMET, Françoise

Derrière la scène. Illustrations de Simone Routier. Drummondville : La Parole, 1930. 167 p.

Heures d'amour. Fides, [1943]. 166 p.

Racines. Dessins de Rodolphe Duguay. Fides, 1950. 175 p.

    Germaine Bernier, comp. «Bio-bibliographie de Madame Françoise Gaudet-Smet.» [n.p. — sans éditeur], 1946. 33 p. (Microfilm)

GAUGUET, Jean (pseud.) voir Gauguet-Larouche, Jean

GAUGUET-LAROUCHE, Jean (Jean Gauguet, pseud.)

Cendres de sang : Poèmes. Éditions Atys, [1961]. 17 p.

La Saignée du pain : Poèmes. Éditions Atys, [1963]. [unpaged — sans pagination].

GAUTHIER, Henri

> Léo Cousineau. comp. «Bio-bibliographie de Monsieur l'abbé Henri Gauthier, P.S.S., ancien curé de Saint-Jacques de Montréal.» École de bibliothécaires de l'Université de Montréal, 1950. 91 p. (Microfilm)

GAUTHIER, Irénée (Jean-Pierre, pseud.)

Le Feu dans les roseaux : Roman. Éditions de la Jeunesse Rurale, [1945]. 253 p.

GAUTHIER, Jocelyn

«La Recherche d'un humanisme chez quelques romanciers canadiens contemporains.» M.A. thesis, University of British Columbia, 1960. 54 p.

GAUTHIER, Louis

Anna. Cercle du Livre de France, [c 1967]. 170 p.

GAUVREAU, Claude

Brochuges. Éditions de Feu-Antonin, [1956]. 63 p.
Sur fil métamorphose. Dessins de Jean-Paul Mousseau. Éditions Erta, [1956]. 55 p.

GAUVREAU, Marguerite

> Monique Magnan, comp. «Notes bio-bibliographiques : Mademoiselle Marguerite Gauvreau.» École de bibliothécaires l'Université de Montréal, 1953. 29 p. (Microfilm)

GÉLINAS, Gratien

Bousille and the Just. Translated from the French by Kenneth Johnson. Toronto : Clarke, Irwin, 1961. 104 p.
Bousille et les justes. Québec : I.L.Q., [c 1960]. 206 p.
Hier, les enfants dansaient : Pièce en deux parties. Leméac, [1968]. 159 p.
Tit-Coq : Pièce en trois actes. Beauchemin, [1950]. 196 p.
Tit-Coq. Translated by Kenneth Johnson with the co-operation of the author. Toronto : Clarke, Irwin, 1967. 84 p.
Yesterday the Children Were Dancing. Translated from the French by Mavor Moore. Toronto : Clarke, Irwin, [c 1967]. 76 p.

> Soeur M.-Jean-du-Cénacle, comp. «Bio-bibliographie de Monsieur Gratien Gélinas, créateur du théâtre canadien-francais.» [n.p. — sans éditeur], 1949. [unpaged — sans pagination]. (Microfilm)

GÉLINAS, Marc-F.

Ineffables Saisons. Studio 60, 1963. 26 p.

GÉLINAS, Pierre

L'Or des Indes : Roman. Cercle du Livre de France, [1962]. 188 p.

Les Vivants, les morts et les autres. Cercle du Livre de France, [1959]. 314 p.

GENDREAU, Henri-Myriel

La Belle au bois chantant. [Beauceville] : [l'Éclaireur], 1927. 115 p.

> Soeur Saint Roger, comp. «Essai bio-bibliographique de Monsieur Henri-Myriel Gendreau.» [Préface de Maurice O'Bready]. Université de Montréal : École de bibliothécaires, 1953. 29 p. (Microfilm)

GENDRON, Jules

La Légende des chevaliers d'Oil. Québec : Lafrance, 1928. 348 p.

GENUIST, Monique

La Creation romanesque chez Gabrielle Roy. Cercle du Livre de France, [c 1966]. 174 p.

GÉRIN, Léon

> Soeur B. Bellavance, comp. «Bibliographie des oeuvres de Monsieur Léon Gérin.» École des bibliothécaires, 1938-39. 24 p. (Microfilm)

GÉRIN-Lajoie, Antoine

Jean Rivard le défricheur : Récit de la vie réelle. [Préface des éditeurs]. 2ᵉ éd., rev. et corr. Rolland, 1874. viii + 205 p.

Jean Rivard le défricheur : Récit de la vie réelle. 4ᵉ éd., rev. et corr. Beauchemin, 1925. 123 p.

Jean Rivard économiste : Pour faire suite à Jean Rivard le défricheur. 4ᵉ éd., rev. et corr. Beauchemin, 1925. 121 p.

> Léon Gérin. *Antoine Gérin-Lajoie : La Résurrection d'un patriote canadien.* Avec introduction et compte rendu. [Préface de l'auteur]. Le Devoir, 1925. 325 p.
>
> Louvigny de Montigny. *Antoine Gérin-Lajoie.* Toronto : Ryerson, [1925]. 130 p.
>
> Lorette Soucy, comp. «Notes bio-bibliographiques sur Antoine Gérin-Lajoie, journaliste, avocat, bibliothécaire.» École de bibliothécaires, 1948. 18 p. (Microfilm)

GERVAIS, Albert

La Déesse brune (Roman). [Ottawa] : [Éditions des Sept], 1948. 359 p.

GERVAIS, GUY

Chant I-II. [Dessins de Suzanne L'Heureux]. Éditions d'Orphée, [1965]. 8 + 12 p.

Le Froid et le fer. Avant-dire de Jean-Guy Pilon. Éditions de la Cascade, [1957]. 28 p.

Thermidor. [Éditions de l'Alicante], [1957]. [unpaged — sans pagination].

Veilloches. [par] J. André Contant, Guy Gervais, Pierre Desjardins. [Préface de M. Roger Duhamel]. Éditions de la Cascade, 1956. 92 p.

GESLIN, Lucien

Histoire de la littérature canadienne-française par les textes. [par] Gérard Bessette, Lucien Geslin et Charles Parent. [Préface des auteurs et de l'éditeur. Les illustrations choisies par Guy Viau et André Marchand reproduisent un certain nombre d'oeuvres de peintres et sculpteurs du Canada français. Centre éducatif et culturel, [c 1968]. 704 p.

GIBEAULT, Gaston

Au cours des jours. Dessins à la plume de feutre par Claude Beaulieu. Beauchemin, 1959. 145 p.

GIGNAC, Rodrigue

Toua. Québec : Éditions de l'Hôte, 1960. 76 p.

GIGUÈRE, Diane

L'Eau est profonde : Récit. Cercle du Livre de France, [c 1965]. 141 p.

Innocence. Tranlated by Peter Green. Toronto : McClelland & Stewart, 1966.

Les Temps des jeux : Roman. Cercle du Livre de France, [c 1961]. 202 p.

Whirlpool. Translated from the French by Charles Fullman. Toronto : McClelland & Stewart, 1966. 78 p.

GIGUÈRE, Roland

L'Age de la Parole : Poèmes, 1949-1960. Éditions de l'Hexagone, [1965]. 170 p.

Les Armes blanches. Avec six dessins de l'auteur. Éditions Erta, [1954]. [unpaged — sans pagination].

Le Défaut des ruines est d'avoir des habitants. Éditions Erta, [1957]. 107 p.

Eight Poems from "Les Armes blanches." With versions in English by Jean Beaupré and Gael Turnbull. [Iroquois Falls, Ont.] : Éditions Erta & "Amérique Française" vol. XII no. 5 & 6, [1955]. [unpaged — sans pagination].

GIL, André (pseud.) voir Gagné, André Gil

GILBERT, Georgette

Variations : Chroniques parues dans Le Bien Public des Trois Rivières, sous le pseudonyme de «Fleurette de Givre.» Trois-Rivières : Bien Public, [1926]. 176 p.

GILL, Charles

Le Cap Éternité : Poème; suivi de Étoiles filantes. Préface d'Albert Lozeau. Le Devoir, 1919. 161 p.

> Thérèse Boucher, comp. «Notes bio-bibliographiques sur Charles Gill, peintre et poète.» École de bibliothécaires, 1948. iv + 13 p. (Microfilm)

GILL, Mme Charles (Gaétane de Montreuil, pseud.)

Destinée : Roman. [Imprimerie Populaire], 1946. 178 p.
Fleur des ondes : Roman historique canadien. Québec : Action sociale, 1924. 147 p.
Noël vécu : Recueil de contes et nouvelles. Beauchemin, 1926. 119 p.
Les Rêves morts. Précédés de lettres d'appréciation par Rodolphe Lemieux, Albert Ferland et Jean-C. Bracq. [Beauceville] : [L'Éclaireur], [1927]. 56 p.

> Guy Bourret, comp. «Bio-bibliographie de Madame Veuve Charles Gill.» [Préface de Enguerrand Castelmann]. [n.p. — sans éditeur], 1944. 22 p. (Microfilm)

GILLES, Frère (pseud.) voir Gosselin, Noël

GILLET, Jean

Brunes et blondes : Poèmes. Beauchemin, [1936]. 103 p.

GINEVRA (pseud.) voir Lefebvre, Georgiana

GINGRAS, Joseph

Fidélité. [n.p. — sans éditeur], 1958. 94 p.

GINGRAS, Joseph Apollinaire

Au foyer de mon presbytère : Poèmes et chansons. [Préface de l'auteur]. Québec : Côté, 1881. xiv + 258 p.

GINGRAS, Ulric L.

La Chanson du paysan : Poésies canadiennes. [Préface de Louis-Joseph Doucet]. Québec : [n.p. — sans éditeur], 1917. xv + 173 p.
Les Guérets en fleurs : Poèmes du terroir. Garand, 1925. 184 p.

GIRARD, Rodolphe

Florence : Légende historique, patriotique et nationale. [Préface de Firmin Picard]. Illustrations de Géo. Delfosse. Première édition. [n.p. — sans éditeur], 1900. ix + 127 p.

Marie Calumet (Roman). Préface de Jean Richepin. Brousseau, 1946, 283 p.

Mosaïque. Déom, 1902. 216 p.

Rédemption : Roman. Illustrations hors texte aux deux crayons, par Georges Delfosse. Guertin, 1906. 187 p.

GIROUARD, Laurent

La Ville inhumaine. Parti Pris, [c 1964]. 187 p.

GIROUX, André

Au-delà des visages : Roman. Variétés, [1948]. 173 p.

Au-delà des visages. Chronologie, bibliographie et jugements critiques. Fides, [1966]. 153 p.

Le Gouffre a toujours soif : Roman. Québec : I.L.Q., 1953. 176 p.

Le Gouffre a toujours soif Précédé d'une chronologie, d'une bibliographie et de jugements critiques. Fides, [1967, c 1953]. 188 p.

Malgré tout, la joie! Québec : I.L.Q., [1959]. 233 p.

GIROUX, Hercule

Soupirs et sourires. [n.p. — sans éditeur], 1933, [c 1922]. 123 p.

GIROUX, Thomas Édmond

Le Jour de l'Indien. [Ottawa] : [n.p. — sans éditeur], [1954]. 416 p.

GIRY, Martial

Odes à Vesper. Château-Richer : Éditions Marie-Médiatrice, 1964. 131 p.

GLASSCO, John

An Anthology of French Canadian Poetry in Translation. Toronto : Oxford University Press, 1970.

GLAUSER, Alfred

Le Vent se lève : Roman. Valiquette, [n.d. — sans date]. 219 p.

GOBEIL, Jules

Le Publicain : Roman. Cercle du Livre de France, [c 1958]. 232 p.

GODBOUT, Jacques

L'Aquarium : Roman. Paris : Éditions du Seuil, [c 1962]. 156 p.

Carton-pâte. Paris : Seghers, [1956]. 38 p.

C'est la chaude loi des hommes. Éditions de l'Hexagone, [c 1960]. 67 p.

Le Couteau sur la table : Roman. Paris : Éditions du Seuil, [1965]. 157 p.

Knife on the Table. Translated from the French by Penny Williams. Toronto : McClelland & Stewart, [c 1968]. 85 p.

Les Pavés secs. Beauchemin, 1958. 90 p.

Poésie/Poetry 64. Présenté par/Edited by Jacques Godbout & John Robert Colombo. Éditions du Jour, [c 1963]. 157 p.

Salut Galarneau : Roman. Paris : Éditions du Seuil, 1967. 157 p.

GODIN, Gérald

Les Cantouques : Poèmes en langue verte, populaire, et quelquefois française. Parti Pris, [c 1967, 1966]. 52 p.

Chansons très naïves. Trois-Rivières : Bien Public, [n.d. — sans date]. 51 p.

Nouveaux Poèmes. [Trois-Rivières] : [Bien Public], [1963]. 53 p.

Poèmes et cantos. [Trois-Rivières] : [Bien Public], [1962]. 43 p.

GODIN, Marcel

Ce Maudit Soleil : Roman. Paris : Laffont, [1965]. 189 p.

La Cruauté des faibles. Éditions du Jour, [1961]. 125 p.

GODIN, Raymond

A fleur de peau. Garand, 1928. 112 p.

GOLMANN, Stephane

Première Armes sans musique. Éditions de l'Arc, [1967]. 60 p.

GONTHIER, Pierre-Theophile

Henri-Dominique Racine, O.P., comp. «Bibliographie du Père Pierre-Théophile-Dominique-Ceslas Gonthier, O.P.» [n.p. — sans éditeur], [n.d. — sans date]. 26 p. (Microfilm)

GOSSELIN, Amédée

Alphéda Robitaille, comp. «Bio-bibliographie de Mgr Amedée Gosselin, P. A.» Préface de Mgr Adjutor Faucher, P. D. Trois-Rivières : École de bibliothécaires, 1946. 215 p. (Microfilm)

GOSSELIN, Auguste-Honoré

Soeur M. de S.-Jean d'Arc, C.S.C., comp. «Bio-bibliographie de M. l'abbé Auguste-Honoré Gosselin.» [Bureau des Études de la Maison-Mère des Soeurs de Sainte-Croix], 1945. ix + 73 p. (Microfilm)

GOSSELIN, Noël (Frère Gilles, pseud.)

Les Choses qui s'en vont . . . . Nouv. éd., corr. et augm. La Tempérance, 1918. 186 p.

Cécile Marchand, comp. «Bio-bibliographie du Révérend Frère Gilles, O.F.M.» Préface de Monsieur Omer Héroux. Verdun : [n.p. — sans éditeur], 1945. xv + 61 p. (Microfilm)

GOSSELIN, Paul-Eugène

Étienne Parent (1802-1874). Textes choisis et présentés par Paul-Eugène Gosselin. Fides, [1964]. 95 p.

GOUIN, Léon-Mercier

Joseph Leduc, comp. «Bio-bibliographie du Sénateur Léon-Mercier Gouin, K.C., (C.R.), avocat et docteur en droit.» [Préface de André Montpetit]. [n.p. — sans éditeur], 1942. 37 p. (Microfilm)

GOUIN, Ollivier-Mercier

Comédiens de notre temps : Enquête. Éditions du Jour, [1967]. 139 p.

Jeu de masques. Cercle du Livre de France, [c 1961]. 191 p.

Poèmes et chansons. [Dessins inédits et introduction de Jean Cocteau]. Beauchemin, 1957. 62 p.

GOUIN, Paul

Médailles anciennes : Poèmes historiques. Dessins de Jean Palardy. Carrier, 1927. 172 p.

GOULET, Antoine

Jeux et sortilèges : Poèmes. Éditions Nocturne, 1963. 87 p.

GOULET, Élie

La Cantilène des heures. Québec : Librairie Canadienne, 1962. 88 p.

GOULET, Raymond

L'Ane de Carpizan (ou, L'Évêque volant) : Conte moral et philosophique à l'usage de tous. [Préface de C. A. Bottine]. Éditions du Cadenas, [1957]. 101 p.

GOUMOIS, Maurice Marc Albert de

François Duvalet. Québec : I.L.Q., [1954]. 263 p.

GOYETTE, Arsène

Les Jeudis fleuris de mon curé : Mémoires et nouvelles (anthologie). 1ère éd. épuisée. Iberville : Éditions de Fleurdelisé, 1960. 248 p.

La Robe nuptiale : Roman. Sherbrooke : Bons Livres, 1928. 303 p.

GRAHAM, Gwethalyn

Chers Ennemis. [par] Solange Chaput-Rolland et Gwethalyn Graham. [Préface des auteurs]. Éditions du Jour, [1963]. 126 p.

Dear Enemies : A Dialogue on French and English Canada. By Gwethalyn Graham & Solange Chaput-Rolland. Toronto : Macmillan, 1963. 112 p.

GRAHAM, Robert Sommerville

"Bilingualism and the Greative Writer of French Canada." Ann Arbor, Mich. : University Publications No. 16935, 1955. 229 p. (Microfilm)

GRANDBOIS, Alain

Alain Grandbois Textes choisis et présentés par Jacques Brault. Nouv. éd. rev. et corr. Fides, [1967]. 96 p.

Alain Grandbois. Présentation par Jacques Brault. Choix de textes, portraits, bibliographie, fac-simile. Paris : Seghers, 1968. 191 p.

Avant le chaos. Éditions Moderne, 1945. 203 p.

Avant le chaos; suivi de quatre nouvelles inédites. H.M.H., 1964. 276 p.

Born in Quebec : A Table of Louis Jolliet. [Foreword by Luc Lacourcière]. Translated from the French by Evelyn M. Brown. Palm, [c 1964]. 198 p.

L'Étoile pourpre. Éditions de l'Hexagone, [c 1957]. 79 p.

Né à Québec, Louis Jolliet : Récit. Fides, 1948. 207 p.

Poèmes : Les Îles de la nuit, Rivages de l'homme, L'Étoile pourpre. 2ᵉ éd. Éditions de l'Hexagone, [1964, c 1963]. 246 p.

Rivages de l'homme : Poèmes. Québec : [n.p. — sans éditeur], 1948. 96 p.

Selected Poems. With translation by Peter Miller. Toronto : Contact, [c 1964]. xi + 101 p.

Les Voyages de Marco Polo. Valiquette, [n.d. — sans date]. 229 p.

Jean A. Baudot. *Dictionnaire du vocabulaire d'Alain Grandbois.* Centre de calcul de l'Université de Montréal, 1966. 903 p.

GRANDBOIS, Madeleine

Maria de l'hospice. Parizeau, 1945. 170 p.

GRANDMONT, Éloi de

Un Bill 60 du tonnerre. Leméac, [1964]. [unpaged — sans pagination].

Dix Ans de théâtre au Nouveau Monde : Histoire d'une compagnie théâtrale canadienne. [par] Éloi de Grandmont, Norman Hudon [et] Jean-Louis Roux. Leméac, [1961]. [unpaged — sans pagination].

La Fontaine de Paris : Comédie-farce en un acte; suivi de Le Temps des fêtes : Drame en un acte. Illustrations de Normand Hudon. Éditions de Malte [c 1955]. 85 p.

Un Fils à tuer : Drame en trois actes et cinq tableaux. Éditions de Malte, [1950]. 101 p.

Plaisirs : Poèmes. Avec une chanson de Maurice Blackburn. Chantecler, 1953. 30 p.

Premiers Secrets : Poèmes. Éditions de Malte, [1951]. 91 p.

Une Saison en chansons : Précédée de Chardons à foulon et d'un premier poème. Leméac, [1963]. 121 p.

> Éliane Crépeau, comp. «Essai de bio-bibliographie : Éloi de Grandmont.» [n.p. — sans éditeur], 1949. iv + 10 p. (Microfilm)

GRANDPRÉ, Alphonse de

> Madame Françoise de Serres Grégoire, comp. «Essai de bio-bibliographie : Révérend Père Alphonse de Grandpré, C.S.V.» [Préface de Joseph-Arthur Papineau]. Université de Montréal : École de bibliothécaires, 1953. 40 p. (Microfilm)

GRANDPRÉ, Pierre de

Dix Ans de vie littéraire au Canada français. Beauchemin, [c 1966]. 293 p.

Histoire de la littérature française du Québec. Beauchemin, 1967. 368 p.

Marie-Louise des champs : Roman. Fides, 1948. 173 p.

La Patience des justes : Roman. Cercle du Livre de France, [c 1966]. 374 p.

GRANVELLE, Denise (pseud.) voir Lagacé, Cécile

GRAVEL, Albert

Miettes, croquis et souvenirs. Imprimerie Populaire, 1923. 164 p.

GRAVELINE, Madame

Le Triomphe de l'amour : Roman canadien inédit. Illustrations d'Albert Fournier. Garand, 1929. 40 p.

GRÉCOURT, Willy de (pseud.) voir Roy, Régis

GREEN, Gordon H.

Un Siècle de littérature canadienne/A Century of Canadian Literature. [Préface [et] introduction de Guy Sylvestre et Gordon H. Green]. Toronto : Ryerson, 1967. xxxi + 599 p.

GRÉGOIRE-COUPAL, Marie-Antoinette

L'Amour frappe au manoir. Beauchemin, 1958. 115 p.

Un Filleul en chocolat. Illustrations de Rosych. Fides, [1959]. 95 p.

Franceline. Illustrations de Léonie Gervais. Fides, [n.d. — sans date]. 95 p.

Le Sanglot sous les rires (Prix d'Action intellectuelle). Éd. déf. rev. et transformée. Fides, 1948. 127 p.

Tout Coeur a son destin. Beauchemin, 1961. 123 p.

Les Trois Marie : Roman. Apostolat de la Presse, [1957]. 133 p.

GREIG, Janet T.

«Le Canadisme de la littérature canadienne-française de l'école de 1860.» M.A. thesis, University of British Columbia, 1926. 113 p.

GRENIER, Armand (Guy-René de Plour, pseud.)

Défricheur de Hammada. Éditions Laurin, [n.d. — sans date]. 229 p.

GRIGNON, Claude-Henri (Valdombre, Pseud.)

Le Déserteur et autres récits de la terre. Éditions du Vieux Chêne, 1934. 219 p.

Un Homme et son péché : Roman. Avec une préface de l'auteur et dix compositions originales hors-texte de Simone Aubry. Éditions du Vieux Chêne, 1941. 198 p.

Un Homme et son péché : Roman. Avec trois préfaces de l'auteur et dix compositions originales hors-texte de Simone Aubry. Centre Éducatif et Culturel, [1965]. 198 p.

Ombres et clameurs : Regards sur la littérature canadienne. Lévesque, 1933. 204 p.

Le Secret de Lindbergh. Précédé d'une préface en anglais par M. J. A. Wilson et orné d'un bois de Maurice Le Bel. Éditions de la Porte d'Or, 1928. iii + 209 p.

> Jacques Mathieu, comp. «Valdombre et ses pamphlets : Compilation bibliographique.» [n.p. — sans éditeur], 1943. 33 p. (Microfilm)
> Suzanne-D. Pelletier, comp. «Bio-bibliographie de Claude-Henri Grignon.» École des bibliothécaires de l'Université de Montréal, 1946. 32 p. (Microfilm)

GRIGNON, Edmond (Vieux Doc, pseud.)

Quarante Ans sur le bout du banc : Souvenirs joyeux d'un juge de paix des Laurentides. [Préface de l'auteur]. Beauchemin, 1939. 241 p.

> Juliette Beaudoin, comp. «Bio-bibliographie de Vieux Doc.» Préface de Madame Germaine Guèvremont. École de bibliothécaires, Université de Montréal, 1946. xii + 40 p. (Microfilm)

GRIGNON, Germaine (Germaine Guèvremont, pseud.)

En pleine terre 3ᵉ éd. Gravures sur linoléum de Maurice Petitdidier. Fides, [1942]. 125 p.

Marie-Didace : Roman. Beauchemin, 1947. 282 p.

Marie-Didace : Roman. Fides, [c 1947]. 210 p.

Monk's Reach. London : Evans, 1950.

The Outlander. Translated by Eric Sutton. Toronto : McGraw-Hill, [1950]. 290 p.

Le Survenant : Roman (Prix Duvernay 1945). Beauchemin, 1945. 262 p.

      Rita Leclerc. *Germaine Guévremont.* Fides, [1963]. 188 p.

GRISÉ, Jeanne voir Allard, Jeanne (Grisé)

GROULX, Lionel Adolphe (Alonié de Lestres, pseud.)

L'Appel de la race : Roman. Action française, 1922. 278 p.

L'Appel de la race. Introduction de Bruno Lafleur. 5ᵉ éd. Fides, [1956]. 252 p.

Au cap Blomidon. Granger, 1932. 239 p.

Chemins de l'avenir. Fides, [1964]. 161 p.

Chez nos ancêtres. Dessins de James McIsaac. [Imprimerie Populaire (Le Devoir)], 1934. 92 p.

Lionel Groulx. Textes choisis et présentés par Benoît Lacroix. Fides, [1967]. 96 p.

Orientations. Éditions du Zodiaque, Déom, [1935]. 310 p.

Rapaillages : Vieilles Choses, vieilles gens. Le Devoir, [1916]. 159 p.

Rapaillages : Vieilles Choses, vieilles gens. Lévesque, [1916]. 139 p.

Rapaillages : Vieilles Choses, vieilles gens. Action française, [c 1916]. 139 p.

      Académie canadienne-française, Montréal. *L'Oeuvre du chanoine Lionel Groulx : Témoinages, bio-bibliographie.* L'Académie, [n.d. — sans date]. 197 p.

      Olivar Asselin. *L'Oeuvre de l'abbé Groulx : Conférence faite à la salle Saint-Sulpice à Montréal le 15 février 1923, sous les auspices du Cercle d'Action française des Étudiants de l'Université de Montréal.* Action française, 1923. 96 p.

      Gérard Vleminckx, comp. «Petit Essai bio-bibliographique : L'Oeuvre de M. l'abbé Lionel Groulx.» École de bibliothéconomie, Université de Montréal, 1939. 55 p. (Microfilm)

GUAY, Jacques

Les Gudulades. Éditions Bleu et Or, [1961]. 159 p.

GUENETTE, René

La Cité nouvelle. Valiquette, [n.d. — sans date]. 216 p.

      Marguerite Charron, comp. «Bio-bibliographie de M. René Guénette, diplomé de l'Université de Paris [et al.].» Préface de M. Rex Desmarchais. École des bibliothécaires, Université de Montréal, 1942. xv + 56 p. (Microfilm)

GUÉRARD, J. (pseud.) voir Lefaivre, Albert Alexis

GUÈVREMONT, Germaine(pseud.) voir Grignon, Germaine

GUILLET, Simone (Landry) voir Landry-Guillet, Simone

GUIMONT, Madeleine
Chemins neufs. Québec : Garneau, [1966]. 85 p.
Les Temps miscibles : Poèmes. Québec : Garneau, [1968]. 155 p.

GUINDON, Arthur
Aux temps héroïques. [Action française], 1922. 286 p.
En mocassins. L'Institution des Sourds-Muets, 1920. 240 p.

GUITON, Hélène
Jean-Paul des Laurentides : Récit canadien. Traduit de l'anglais par
Jean-L. Launay. Paris : Fasquelle [1954]. 258 p.

GURIK, Robert
Hamlet, prince du Québec : Pièce en deux actes. Éditions de l'Homme,
[c 1968]. 95 p.
Spirales. Illustrations de André Linglet. Holt, Rinehart et Winston,
[c 1966]. 73 p.

GUY, Marie-Anne
Autour d'un rêve : Roman. Beauchemin, 1958. 219 p.
Flux et reflux. Québec : Leroy-Audy, 1966. 116 p.
Toi et moi vers l'amour. Québec : Action sociale catholique, 1963.
98 p.

HAEFFELY, Claude
Le Sommeil et la neige. Sérigraphies originales de Gérard Tremblay.
Collection Mandragore. Éditions Erta, [1956]. [unpaged — sans
pagination].
La Vie reculée : Poèmes. Gravures de Anne Kahane. Éditions Erta,
[1954]. [unpaged — sans pagination].

HAINS, Alexis-Édouard
Amour! Quand tu nous tiens : Contes et récits. [Préface d'Alfred
DesRochers]. Granby : [n.p. — sans éditeur], 1932. 180 p.

Soeur Sainte-Louise, comp. «Essai bio-bibliographique de
Monsieur Alexis-Edouard Hains.» Université de Montréal :
École de bibliothécaires, 1953. 25 p. (Microfilm)

HALDEN, Charles ab der

Études de littérature canadienne française. Précédées d'une introduction : *La Langue et la littérature française au Canada, La Famille française et la nation canadienne* par M. Louis Herbette, Conseiller d'État, président du Comité Général de Propagande de l'Alliance Française. Paris : Rudeval, 1904. civ + 352 p.

Nouvelles Études de littérature canadienne française. [Préface de l'auteur]. Paris : Rudeval, 1907. xvi + 377 p.

HALLÉ, Albertine

La Vallée des blés d'or : Roman. Pilon, 1948. 210 p.

HAMEL, Charles

Prix David. Éditions de l'Homme, [1962]. 286 p.

Solitude de la chair. Cercle du Livre de France, [1951]. 242 p.

HAMEL, Louis-Paul

Poèmes : Premier Recueil, 1948-52. Ancienne-Lorette : L'auteur, [1958]. 47 p.

Poèmes. Cette édition comprend les poèmes 1950 à 1958 revus et corrigés, publiés en 1958, ainsi que poèmes 11, groupant les poèmes des années 1958 à 1963. [Charlesbourg] : [Lithopresses pour le compte de l'auteur]. [unpaged — sans pagination].

HAMELIN, Eddie (Jean Véron, pseud.)

Madame Després : Roman. Trois-Rivières : Bien Public, 1934. 188 p.

HAMELIN, Jean

Un Dos pour la pluie : Roman. Déom, [1967]. 211 p.

Les Journaux du Québec de 1764 à 1964. [par] Jean Hamelin et André Beaulieu. Québec : Presses de l'Université Laval, 1965. 329 p. (Cahiers de l'Institut d'Histoire, 6).

Nouvelles singulières. H.M.H., 1964. 189 p.

Le Renouveau du théâtre au Canada français. Éditions du Jour, [c 1961]. 160 p.

Le Théâtre au Canada français. Québec : Ministère des affaires culturelles, 1964. 83 p.

HAMELIN-ROUSSEAU, Berthe (Berthe Rousseau)

Un Mât touchait l'azur. Beauchemin, 1961. 183 p.

Quand reviennent les outardes : Roman. Beauchemin, 1956. 176 p.

HAMP, Pierre

La Peine des hommes : Hormisdas le Canadien : Roman. Paris : Plon, [1952]. 253 p.

HARE, John E.

Bibliographie du roman canadien-français 1837-1962. Fides, 1965. 82 p.

Les Canadiens-français aux quatre coins du monde : Une Bibliographie commentée des récits de voyage, 1670-1914. Québec : Société Historique de Québec, 1964. 215 p. (Cahiers d'histoire, 16).

Les Imprimés dans le Bas-Canada 1801-1840 : Bibliographie analytique : I 1801-1810. Par John Hare [et] Jean-Pierre Wallot. [Préface du chanoine Lionel Groulx]. Presses de l'Université de Montréal, 1967. xxiii + 381 p.

HARPE, Charles Eugène

Les Croix de chair. [Préface de l'abbé Charles Frère]. 2ᵉ éd., Montmagny : Éditions Marquis, [1946, c 1945]. 194 p.

Le Jongleur aux étoiles. Montmagny : Éditions Marquis, [1947, c 1946]. 187 p.

Les Oiseaux dans la brume : Poèmes. [Préface de Arthur Lacasse]. Montmagny : Éditions Marquis, [1948]. 165 p.

> Gemma Ringuet, comp. «Notes bibliographiques sur Charles E. Harpe.» École de bibliothécaires, 1952. 10 p. (Microfilm)

HARTEX, Pierre (pseud.) voir Daviault, Pierre

HARVEY, Jean-Charles

Art et combat. [Préface de l'auteur]. Action canadienne-française, [1937]. 229 p.

Les Demi-Civilisés : Roman. Éditions du Totem, [1934]. 223 p.

Des Bois, des champs, des bêtes. [Préface de l'auteur]. Éditions de l'Homme, [1965]. 130 p.

La Fille du silence. [Préface de l'auteur]. Éditions d'Orphée, [1958]. 127 p.

French Canada at War. Toronto : Macmillan, 1941. 26 p.

Les Grenouilles demandent un roi. Éditions du Jour, [1943]. 156 p.

L'Homme qui va : Contes et nouvelles. Illustrations de Simone Routier. Québec : Le Soleil, 1929. 213 p.

L'Homme qui va : Contes et nouvelles. Éditions de l'Homme, [1967]. 158 p.

The Many Faces of Québec. Translated by Alta Lind Cook. Photographs by Marcel Cognac. [Toronto] : [Macmillan], [c 1966]. 202 p.

Marcel Faure : Roman. 1ᵉʳᵉ édition. Montmagny : Imprimerie de Montmagny, 1922. 214 p.

Pages de critique sur quelques aspects de la littérature francaise au Canada. [Préface de l'auteur]. Québec : Le Soleil, 1926. 187 p.

Les Paradis de sable : Roman. Québec : I.L.Q., [c 1953]. 242 p.

Pourquoi je suis antiséparatiste. Éditions de l'Homme, [1962]. 123 p.

Sackcloth for Banner (Les Demi-Civilisés). Translated by Lukin Barrette. [Foreword by B. K. Sandwell]. Toronto : Macmillan, 1938. x + 262 p.

Sébastien Pierre : Nouvelles. Lévis : Le Quotidien, [1935]. 225 p.

L'U.R.S.S. : Paradis des dupes. [n.p. — sans éditeur]. 32 p.

> Jacqueline Morin, comp. «Bio-bibliographie de Jean-Charles Harvey.» École de bibliothécaires de l'Université de Montréal, 1943-44. 312 p. (Microfilm)

HARVEY, Joseph

Les Épis de blé, Les Fleurs de sillon : Poésies. Québec : Le Soleil, 1923. x + 142 p.

HAYNE, David M.

Bibliographie critique du roman canadien-français, 1837-1900. Compilée [par] David M. Hayne [et] Marcel Tirol. Toronto : University of Toronto Press, 1968. 144 p.

Les Grandes Options de la littérature canadienne française. [Faculté des lettres de l'Université de Montréal], [1965]. 32 p. (Conférences J. A. de Sève, 2).

HÉBERT, Anne

Les Chambres de bois : Roman. Préface de Samuel S. de Sacy. Paris : Éditions du Seuil, [c 1958]. 189 p.

Poèmes. Présentation par Pierre Emmanuel. Paris : Éditions du Seuil [c 1960]. 109 p.

Saint-Denys Garneau and Anne Hébert. Translated by F. R. Scott. Vancouver : Klanak, [c 1962]. 49 p.

Les Songes en équilibre : Poèmes. Éditions de l'Arbre, [1942]. 156 p.

Le Temps sauvage, La Mercière assassinée, Les Invités au procès : Théâtre. H.M.H., 1967. 187 p.

Le Tombeau des rois : Poèmes. Présentation par Pierre Emmanuel. [Québec] : [I.L.Q.], 1953. 76 p.

Le Tombeau des rois (1953). Translated by F. R. Scott, Saint-Denys Garneau and Anne Hébert. Vancouver : Klanak, 1962.

Le Torrent. Beauchemin, 1950. 171 p.

Le Torrent; suivi de deux nouvelles inédites. [nouv. éd.]. H.M.H., 1963. 248 p.

> Madeleine Bertrand, comp. «Bibliographie de l'oeuvre de Anne Hébert, précédée de sa biographie.» Préface de Théophile Bertrand. [n.p. — sans éditeur], 1946. 23 p.
> Albert Le Grand. *Anne Hébert : De l'exil au royaume.* [Faculté des lettres de l'Université de Montréal], [1967]. 37 p. (Conférences J.A. de Sève, 7).
> Pierre Pagé. *Anne Hébert.* Fides, [1965]. 189 p.

Guy Robert. *La Poétiques du songe : Introduction à l'oeuvre de Anne Hébert*. [A.G.E.U.M.], [1962]. 125 p. (Cahier no. 4 de l'A.G.E.U.M.).

HÉBERT, Casimir

La Fête éternelle : Poème divin en trois audiences. [Préface de l'auteur]. Garand, [1945]. 139 p.

> Micheline Blouin, comp. «Bio-bibliographie de Monsieur Casimir Hébert.» Préface de Mlle Cécile Lagacé. [Bibliothèque de l'École Normale Secondaire], 1947. 32 p. (Microfilm)
> Monique Lalonde, comp. «Bio-bibliographie de Monsieur Casimir Hébert.» École de bibliothécaires de l'Université de Montréal, 1948. 11 p. (Microfilm)

HÉBERT, Jacques

Coffin était innocent. Beloeil, Éditions de l'Homme, [c 1958]. 188 p.
Les Écoeurants : Une Manière de roman. Éditions du Jour, [1966]. 127 p.
Scandale à Bordeaux. [Préface de l'auteur]. Éditions de l'Homme, [1959]. 157 p.
The Temple on the River. Translated by Gerald Taaffe. Harvest House, [1967]. 175 p.

> Thérèse Vaillancourt, comp. «Notes bio-bibliographiques sur Jacques Hébert.» [n.p. — sans éditeur], 1950. x + 21 p. (Microfilm)

HÉBERT, Louis-Philippe

Les Épisodes de l'oeil : Poèmes. Illustré par Louis McComber. Estérel, [1967]. 97 p.

HÉBERT, Maurice

De livres en livres : Essais de critique littéraire. Préface de Camille Roy. Carrier, Éditions du Mercure, 1929. 251 p.
Et d'un livre à l'autre : Nouveaux Essais de critique littéraire canadienne. Lévesque, 1932. 270 p.
Les Lettres au Canada français. 1ère série. Lévesque, 1936. 247 p.

> Thérèse Blanchard, comp. «Bibliographie de Maurice Hébert.» École de bibliothécaires, 1944. 20 p. (Microfilm)

HÉBERT, Robert

Au centre de l'écho. Éditions Nacès, [1963, c. 1962]. [unpaged — sans pagination].

HÉLÈNE (pseud.) voir Beauséjour, Mme Hélène

HÉMON, Louis

Battling Malone, Pugiliste. [Préface de Daniel Halévy]. Paris : Grasset, 1925. xvi + 268 p.

Le Belle que voilà. Paris : Grasset, 1923. 239 p.

Blind Man's Bluff. Translated by Arthur Richmond. New York : Macmillan, 1925. 244 p.

Colin-Maillard. Paris : Grasset, 1924. 278 p.

The Journal of Louis Hémon. Translated by William Aspenwall Bradley. New York : Macmillan, 1924. 67 p.

Louis Hémon : Lettres à sa famille. Éd. par Nicole Deschamps. Presses de l'Université de Montréal, 1968. 219 p.

Maria Chapdelaine : Récit du Canada français. Précédé de deux préfaces : par M. Émile Boutroux de l'Académie Française et par L. Louvigny de Montigny de la Société royale du Canada. Illustrations originales de Suzor-Côté. Le Febvre, 1916. xix + 243 p.

Maria Chapdelaine : Récit du Canada français. Paris : Grasset, 1921. 254 p.

Maria Chapdelaine. Translated by W. H. Blake. [Préface de W. H. Blake]. Toronto : Macmillan, 1921. 263 p.

Maria Chapdelaine : A Tale of the Lake St. John Country. Translated by W. H. Blake. New York : Macmillan, 1921. 288 p.

Maria Chapdelaine : A Romance of French Canada. Translated by Sir Andrew Macphail. Illustrations by M. A. Suzor-Côté. Toronto : Oxford University Press. 1921. 214 p.

Maria Chapdelaine : A Tale of the Lake St. John Country. Translated by W. H. Blake. New York : Grosset and Dunlap, [1927]. 288 p.

Maria Chapdelaine. Illustrations de Clarence Gagnon. Paris : Éditions Mornay. 1933. 205 p.

Maria Chapdelaine. Translated by W. H. Blake. Illustrated by Thoreau MacDonald. With a historical introduction by Hugh Eayrs. Toronto : Macmillan, 1938. 174 p.

Maria Chapdelaine. Illustrated by Thoreau MacDonald. Translated by W. H. Blake. Introduction by W. H. Blake. Toronto : Macmillan, 1965. xiii + 161 p.

My Fair Lady. Translated by William Aspenwall Bradley. New York : Macmillan, 1923. 226 p.

  L.-J. Dalbis. *Le Boucler canadien-français.* Déom, 1925. 246 p.

  Louvigny de Montigny. *La Revanche de Maria Chapdelaine : Essai d'initiation à un chef-d'oeuvre inspiré du pays de Québec.* Préface de Monsieur Raymond Brugère. Action canadienne-française, 1937. 210 p.

  Damase Potvin. *Le Roman d'un roman : Louis Hémon à Péribonka.* Québec : Éditions du Quartier Latin, [1950]. 191 p.

HÉNAULT, Gilles

Sémaphore; suivi de Voyage au pays de mémoire. Éditions de l'Hexagone, [1962]. 71 p.

Seven Poems, from «Le Théâtre en plein air,» »Cahiers de la file indienne,» and «Totems.» With versions in English by Jean Beaupré and Gael Turnbull. [Iroquois Falls, Ont.] : Éditions Erta, [1955]. [unpaged — sans pagination].

Totems. Illustrations de Albert Dumouchel. Éditions Erta, [1953]. 28 p.

Voyage au pays de mémoire. Éditions Erta, 1960. 36 p.

HÉROUX, Omer

Jean Héroux, comp. «Bibliographie analytique de l'oeuvre de Monsieur Omer Héroux, à l'exclusion des journaux, précédée d'une biographie.» Québec : [n.p. — sans éditeur], 1946. 77 p.

HERTEL, François (pseud.) voir Dubé, Rodolphe

HOGUE, Marthe Bergeron

Un Trésor dans la montagne. Préface de Pierre Deffontaines. Québec : Caritas, 1954. 279 p.

HOLLIER, Robert

Bétail : Roman. [Préface d'Ambroise]. Beauchemin, 1960. 257 p.

Marche ou crève, Carignan. Éditions de l'Homme, Ducharme, [1960]. 300 p.

HORIC, Alain

L'Aube assassinée. Avec deux sérigraphies originales de Jean-Pierre Beaudin. Éditions Erta, [1957]. [unpaged — sans pagination].

Blessure au flanc du ciel : Collection les matinaux. Éditions de l'Hexagone, [1962]. 49 p.

HOUDE, Frédéric

Le Manoir mystérieux; ou, Les Victimes de l'ambition : Roman inédit. Précédé d'une courte note biographique sur l'auteur par Casimir Hébert. Bilaudeau, 1913. 250 p.

HOULÉ, Léopold

L'Histoire du théâtre au Canada : Pour un retour aux classiques. Fides, 1945. 170 p.

Matines et laudes (Du bal au cloître) : Pièce en un acte. Illustrations de Simone Aubry. Valiquette, [n.d. — sans date]. 97 p.

Le Presbytère en fleurs : Deux actes et un prologue. Imprimerie des Sourds-Muets, 1933. 154 p.

HUARD, Roger-Bernard

Échappée : Théâtre. [Éditions Agora], [n.d. — sans date]. 119 p.

Histoires pour enfants snobs. Éditions Agora, 1963. 106 p.

Huard à deux farces : Théâtrique à demi (Serum qui … et Au coin du téléviseur). Éditions Agora, [1965]. 127 p.

Ouais. Éditions Agora, 1962.

Pile. Québec : Éditions de l'Arc, 1964. 112 p.

HUDON, Normand

Dix Ans de théâtre au Nouveau Monde : Histoire d'une compagnie théâtrale canadienne. [par] Éloi de Grandmont, Norman Hudon [et] Jean-Louis Roux. Leméac, [1961]. [unpaged — sans pagination].

Parlez-moi d'humour. Préface des Couche-tard. Éditions du Jour, [1965]. 127 p.

HUGUENIN, Anne Marie (Gleason) voir Huguenin, Mme Wilfrid

HUGUENIN, Mme Wilfrid (Madeleine, pseud.)

Premier Péché : Recueil de nouvelles et chroniques et d'une pièce de théâtre, en 1 acte. La Patrie, 1902. 162 p.

> Soeur Marie-Stanislas, S.S.A., comp. «Notes bio-bibliographiques sur Madeleine, (Mme W.-A. Huguenin).» Académie Notre-Dame-des-Victoires, [1948]. 17 p. (Microfilm)

HUOT, Alexandre

Le Trésor de Bigot : Roman canadien inédit. Illustrations d'Albert Fournier. Garand, [1926]. 68 p.

HUOT, Maurice

Journalistes canadiens. [Trois-Rivières] : Bien Public, [1959]. 91 p.

HURTEAU, Joseph-Adolphe

Papillons d'âme. [Préface de l'auteur]. [n.p. — sans éditeur], 1923. 204 p.

HURTUBISE, Jean-Chauveau

Leur Ame : Roman. Préface d'Olivier Carignan. Carrier, 1929. 187 p.

HUSTON, James

Répertoire national; ou, Recueil de littérature canadienne. 2ᵉ éd. Précédée d'un introduction par M. le juge Routhier. [Préface de la première édition de l'auteur]. Valois, 1893. 4 vols.

> Jean Drapeau, comp. «Notes biographiques et bibliographiques de James Huston.» [n.p. — sans éditeur], 1947. 57 p. (Microfilm)

JABRY (pseud.) voir Brillant, Jacques

JACQUES, Michel

Mousses trempées. Arthabaska : Pont Invisible, 1962.
Roseaux ensevelis. Arthabaska : Éditions Ste-Cécile, 1963. 67 p.

JAQUEMI (pseud.) voir Roy, Lisette

JARRET, Andrée (pseud.) voir Beauregard, Cécile

JASMIN, Claude

Blues pour un homme averti. Parti Pris, [1964]. 93 p.
Les Coeurs empaillés : Nouvelles. Parti Pris, [1967]. 135 p.
La Corde au cou. Cercle du Livre de France, [1960]. 233 p.
Délivrez-nous du mal. Éditions à la Page, [1961]. 187 p.
Et puis tout est silence. Éditions de l'Homme, [1965]. 159 p.
Ethel and the Terrorist. Translated by David S. Walker. Harvest House, [1965]. 112 p.
Éthel et le terroriste. Déom, [1964]. 145 p.
Pleure pas, Germaine. Parti Pris, [1965]. 167 p.

> Gilles Marcotte. *L'Aventure romanesque de Claude Jasmin.* [Faculté des lettres de l'Université de Montréal], [1965]. 28 p. (Conférences J. A. de Sève, 4).

JASMIN, Damien

La Poutre dans l'oeil. Préface de l'honorable Rodolphe Lemieux. Granger, 1929. iv + 238 p.

> Jean-Louis Turbide, comp. «Notes bio-bibliographiques sur Me Damien Jasmin, conservateur de la bibliothèque St-Sulpice.» École de bibliothécaires de l'Université de Montréal, 1948. 13 p. (Microfilm)

JEAN-FERDINAND, Frère

Célébrités : Littérature canadienne. Lévis : [n.p. — sans éditeur], 1954. 95 p.

JEAN-PIERRE (pseud.) voir Gauthier, Irénée

JOBIN, Antoine Joseph

Visages littéraires du Canada français. 22 bois originaux de Théodore Jobin. Éditions du Zodiaque, 1941. 270 p.

JOLY, Richard

Le Visage de l'attente. Centre de Psychologie et de Pédagogie, [n.d. — sans date]. 236 p.

JOYAL, J. Alcide

La Vie a ses saisons : Poésies avec notes de l'auteur, C'est un rêve qui passe : Prologue en vers. [Laprairie-Sacré-Coeur] : L'auteur, 1942. 114 p.

KELLER-WOLFF, Gustave

La Revanche du destin : Roman international. Préface de Eugène Lapierre. Éditions Saint-Laurent, [1943]. 239 p.

La Tragédie de la forêt : Roman. Préface de l'auteur. 1ère édition. [L'auteur], [1935]. 153 p.

KEMPF, Georges Marcel

Loreley : Chronique noire et rose. Déom, 1966. 120 p.

Pan-paon. Éditions à la Page, 1964. 114 p.

Les Trois Coups à Montréal : Chroniques dramatiques, 1959-64. [Préface de l'auteur]. Déom, [1965]. 383 p.

KEMPF, Yerri voir Kempf, Georges Marcel

KIEFFER, Michel

«L'École littéraire de Montréal.» Thèse de maîtrise présentée à l'Université McGill, 1939. 94 p.

KLINCK, Carl

Écrivains canadiens/Canadian Writers : Un Dictionnaire biographique/ A Biographical Dictionary. Rédigé par/Edited by Guy Sylvestre, Brandon Conron, Carl Klinck. H.M.H., [c 1964]. xvi + 163 p.

KLINCK, George Alfred

Allons gai : A Topical Anthology of French Canadian Prose and Verse. Halifax, Toronto : Ryerson, [c 1945]. x + 154 p.

Louis Fréchette, prosateur : Une Réestimation de son oeuvre. [Lévis] : [Le Quotidien], 1955. 236 p.

La Randonnée de l'oiseau-mouche (à la recherche de la mine secrète). Texte rev. et adapté par Eugène Achard. Librairie Générale Canadienne, [1951]. 127 p.

KOENIG, Théodore

Le Jardin zoologique : Écrit en mer. Dessins de Conrad Tremblay. Collection de la Tête Armée 3. Éditions Erta, [1954]. [unpaged — sans pagination].

KUSHNER, Éva

Chants de bohême. Beauchemin, 1963. 64 p.
Rina Lasnier. Fides, [1964]. 191 p.
Saint-Denys Garneau : Choix de textes inédits, bibliographie, portraits, fac-similé. Paris : Seghers, [1967]. 192 p.

LABELLE, Edmond

La Quête de l'existence : Essai; suivi de Poèmes récitatifs. Fides, [n.d. — sans date]. 145 p.

LABELLE, Elzéar

Mes Rimes. [Préface de A.N. Montpetit]. Québec : Delisle, 1876. 151 p.

> Bernard Vinet, comp. «Bio-bibliographie de Elzéar Labelle.» Préface de Marie-Claire Daveluy. L'École de bibliothécaires, 1946. 45 p. (Microfilm)

LABELLE, Jacques

Les Yeux et la mémoire. [Préface de l'auteur]. Déom, [1968]. 89 p.

LABERGE, Albert

Anthologie d'Albert Laberge. Préface de Gérard Bessette. Cercle du Livre de France, [1963, c 1962]. xxxv + 310 p.
Le Destin des hommes. Édition privée, 1950. 272 p.
Images de la vie. Édition privée, 1952. 116 p. (Microfilm)
Quand chantait la cigale. Illustrations par le peintre-poète Charles de Belle. Édition privée, 1936. 106 p. (Microfilm)
Scènes de chaque jour. Édition privée, 1942. 270 p. (Microfilm)
Visages de la vie et de la mort. Édition privée, 1936. 284 p. (Microfilm)

> Anne Couillard, comp. «Bio-bibliographie de Monsieur Albert Laberge, écrivain, critique, journaliste.» Préface de Monsieur Victor Barbeau de l'Académie canadienne-française. [n.p. — sans éditeur]. 1952. 59 p. (Microfilm)

LABERGE, Marie

D'un cri à l'autre : Poèmes et dessins. Québec : Éditions de l'Aile, 1966. 66 p.
Halte. Québec : Éditions de l'Arc, 1965. 55 p.
L'Hiver à brûler. Québec : Garneau, [1968]. 91 p.
Les Passerelles du matin. Québec : Éditions de l'Arc, 1961. 67 p.

LABERGE, Raymond

Élégie de hauts volts. Éditions de l'Aile, [1966]. 57 p.

Zénith amer. [Québec] : [Éditions de l'Arc], [1960]. 62 p.

LABIGNE, François de

Les Pactes : Poèmes étranges. Éd. canadiennne. [n.p. — sans éditeur], 1896. 98 p.

LABRECQUE, Pierre

Corail de soi-même : Poèmes. Beauchemin, [1960]. 60 p.

LABROSSE, Gérard

Les Ombres et les lumières de l'amour. Cercle du Livre de France, 1967. 160 p.

LACASSE, Arthur

Le Défilé des heures (Choix de poèmes). Illustrations de Valfleuri. [Préface d'Adjutor Rivard]. Québec : [n.p. — sans éditeur], 1938. xv + 292 p.

L'Envol des heures : Poésies. Québec : [Action sociale], 1919. 181 p.

Les Heures sereines. [Préface d'Adjutor Rivard]. Québec : [Action sociale], 1927. 177 p.

Heures solitaires : Poésies. Québec : [Action sociale], 1916. 188 p.

Madeleine Roch, comp. «Bio-bibliographie de M. l'abbé Arthur Lacasse.» [Préface d'un ami de M. l'abbé Lacasse]. L'École des bibliothécaires, 1946. 141 p. (Microfilm)

LACERTE, Mme Adèle Bourgeois

L'Ange de la caverne. Ottawa : Le Courrier Fédéral, 1922. 235 p.

Aux douze coups de minuit; suivi d'autres contes. Beauchemin, 1953. 94 p.

Bois-Sinistre : Roman canadien inédit. Illustrations d'Albert Fournier. Garand, [c 1929]. 96 p.

Le Bracelet de fer : Grand Roman canadien inédit. Illustrations d'Albert Fournier. Garand, [c 1926]. 128 p.

Contes et légendes (Dédié aux enfants). [Préface de Gaétane de Montreuil]. Ottawa : Beauregard, 1915. 199 p.

La Gardienne du phare. Ottawa : Le Courrier Fédéral, 1921. 87 p.

Le Mystérieux Monsieur de l'Aigle : Roman canadien inédit. Illustrations d'Albert Fournier. Garand, [1928]. 140 p.

Némoville. [Préface de l'auteur]. Ottawa : Beauregard, 1917. 144 p.

La Reine de Nainville; suivi de Grivette : L'Avare, Le Nid au pied du rocher, Le Parapluie de famille. [Préface de l'auteur]. Beauchemin, 1945. 90 p.

Roxane : Grand Roman canadien inédit. Illustrations de Albert Fournier. Garand, [c 1924]. 96 p.

Le Spectre du ravin : Roman canadien inédit. Illustrations de A. Fournier. Garand, [c 1924]. 92 p.

> Gisèle Simard, comp. «Notes bio-bibliographiques sur Madame Emma Adèle Bourgeois Lacerte.» École de bibliothécaires, 1950. v + 14 p. (Microfilm)

LACHAPELLE, Paul (André Brugel, pseud.)

La Résurrection des corps : Roman. Chantecler, [1949]. 258 p.

Serge Fromentin : Roman. Chantecler, 1953. 189 p.

LACROIX, Benoît

Le P'tit Train. Illustrations de François Gagnon. Beauchemin, 1964. 74 p.

Vie des lettres et histoire canadienne; suivi d'un lexique pour servir à l'étude de notre histoire littéraire. Préface de A. Lamarche. Éditions du Lévrier, 1954. 77 p.

LACROIX, Georgette

Mortes Saisons : Poèmes. Québec : Garneau, [1967]. 74 p.

LAFERRIÈRE, Cécile

Carole au pays des mornes : Roman. [Beauceville] : [L'Éclaireur], 1957. 135 p.

LA FERRIÈRE, Philippe

Le Démon. Éditions du Cerbère, [c 1953]. 70 p.

Philtres et poisons. Illustrations de l'auteur. Avant-propos de Alain Grandbois. Éditions de Cerbère, [1954]. 166 p.

LAFLEUR-HÉTU, Mme Ruth

> Marguerite Chartrand, comp. «Bio-bibliographie de Madame Ruth Lafleur-Hétu.» [n.p. — sans éditeur], 1949. v + 17 p. (Microfilm)

LAFOND, Guy

J'ai chosi la mort : Poèmes. Éditions d'Essai, [1958]. [unpaged — sans pagination].

Poèmes de l'un. Éditions Voltaire, [1968]. 89 p.

LAFONTAINE, Sir Louis-Hippolyte

> Réjane Soucy, comp. «Bio-bibliographie de Sir Louis-Hippolyte Lafontaine, Bart.» Préface de M. Casimir Hébert. École des bibliothécaires de l'Université de Montréal, 1947. 162 p. (Microfilm)

LAFORTUNE, Napoléon

François Lafortune, comp. «Bio-bibliographie de M. Napoléon Lafortune, journaliste.» Préface de M. Léo-Paul Desrosiers. [n.p. — sans éditeur], 1944. 66 p. (Microfilm)

LAGACÉ, Cécile (Denise Granvelle, pseud.)

Impressions et paysages d'Europe. [Imprimerie Populaire], 1933. 285 p.

LAGACÉ, Jean-Baptiste

Lucienne Gamelin, comp. «Bio-bibliographie de M. Jean-Baptiste Lagacé, professeur de l'histoire de l'art, docteur de l'Université de Montréal.» Préface de Me Victor Morin. École de bibliothécaires, 1947. xiv + 73 p. (Microfilm)

LALANDE, Louis

Entre amis : Lettres du P. Louis Lalande, S. J. à son ami Arthur Prévost. Imprimerie du Sacré Coeur, 1907. 339 p.

Silhouettes paroissiales. Préface de M. l'abbé Lionel Groulx. Imprimerie du Messager, 1919. 302 p.

Une Vieille Seigneurie : Boucherville; Chroniques, portraits et souvenirs. 2e éd. [L'Étendard], 1891. 402 p.

LALONDE, Michèle

Geôles. Éditions d'Orphée, [1959]. [unpaged — sans pagination].

Songe de la fiancée détruite. [Préface de l'auteur]. Éditions d'Orphée, [1958]. 45 p.

Terre des hommes : Poème pour deux récitants. Éditions du Jour, [1967]. 59 p.

LALONDE, Robert

Ailleurs est en ce monde : Conte à l'ère nucléaire. [Illustrations de André Dufour]. Éditions de l'Arc, [1966]. 144 p.

Rafales de braise : Poèmes. Éditions Atys, [1965]. [n.p. — sans éditeur]. [unpaged — sans pagination].

LAMARCHE, Gustave

Celle-qui-voit; ou, La Chevalière de la Loire : Parabole héroïque canadienne en trois parties et onze tableaux en vers, avec musique. Bois originaux de Bertrand Vanasse. Joliette : Éditions des Paraboliers du roi, 1939. 194 p.

Jonathas : Tragédie tirée des livres saints, avec musique et danse; suivi de Tobie : Mystère lyrique. [Préface de Frédéric Pelletier]. Librairie des Clerc de St-Viateur, [1935]. viii + 188 p.

*Notre Dame des Neiges : Féerie Épique en deux journées et treize ta-
bleaux, en vers modernes avec cinéma, musique et danse.* Valiquette;
Joliette : Éditions des Paraboliers du roi, 1942. 232 p.

Palinods : Poèmes à la Vierge. Dessins gravés de Maximilien Boucher.
Ottawa : Éditions du Lévrier, 1944.

> Robert Valois, comp. «Bio-bibliographie du R. P. Gustave
> Lamarche.» Préface de M. Léo-Paul Desrosiers. [n.p. —
> sans éditeur], 1942. 81 p. (Microfilm)

LAMARCHE, Jacques A.

La Pelouse des lions. [Éditions de Bélier], [1967]. 174 p.

LAMARCHE, Marc-Antonio

Ébauches critiques : Prix David 1930. Ménard, 1930. 169 p.

M.-A. Lamarche. Textes choisis et présentés par Antonin Lamarche.
Fides, [1962]. 93 p.

> Émile Vincent, comp. «Notes bio-bibliographiques sur le
> T.R.P. Marc-Antonio Lamarche O.P.» [Préface de l'au-
> teur]. École de bibliothécaires, 1947. 31 p. (Microfilm)

LAMBERT, Adélard

Journal d'un bibliophile. Drummondville : La Parole, 1927. vi +
141 p.

LAMBERT, Émile

*Causons, mes amis, causons : Recueil de trente causeries — sociales, éco-
nomiques, scientifiques, morales, psychologiques, littéraires, artistiques.*
[Préface de l'abbé Élie-J. Auclair]. Granger, 1945. 219 p.

> Berthe Bérard, comp. «Bio-bibliographie de Monsieur l'abbé
> Émile Lambert, L. Th. de Rome.» École de bibliothé-
> caires de l'Université de Montréal, 1945. 63 p. (Micro-
> film)

LAMIRANDE, Claire de

Aldébaran; ou, La Fleur. Éditions du Jour, [c 1968]. 126 p.

LAMONTAGNE, Léopold

Arthur Buies : Homme de lettres. Québec : Presses Universitaires Laval,
1957. 258 p.

LAMONTAGNE, Olivette

Le Long de la route . . . [Préface de Silvio Laporte]. Québec : [Impri-
merie Laflamme], 1937. 182 p.

Mademoiselle et son fils: Roman. Québec : Éditions Notre-Dame, [c
1956]. 186 p.

LAMONTAGNE-BEAUREGARD, Blanche voir Beauregard, Blanche (Lamontagne)

LANCTOT, Alberte
Les Joies certaines. Le Devoir, [n.d. — sans date]. 201 p.
La Vie s'ouvre . . . intimités. Le Devoir, 1935. 151 p.

LANCTOT, Gustave
      Carmen Rinfret, comp. «Bio-bibliographie de M. Gustave Lanctot.» [n.d. — sans date]. 35 p. (Microfilm)

LANDE, Lawrence
Expérience. [par] Lawrence Lande et Alain Verval. Frères des Écoles Chrétiennes, 1963. 75 p.

LANDRY, Louis
Fables. [Cercle du Livre de France], [c 1964]. 159 p.
Mémoires de Louis l'écrevisse. Déom, [1961]. 229 p.
Placide Beauparlant, révolutionnaire tranquille. Cercle du Livre de France, [1967]. 142 p.
Vacheries. Déom, [1962]. 242 p.

LANDRY, Napoléon
Poèmes acadiens. Fides, [1955]. 143 p.
Poèmes de mon pays. [École Industrielle des Sourds-Muets], 1949. 163 p.

LANDRY-GUILLET, Simone
L'Itinéraire : Roman. Cercle du Livre de France, [1966]. 160 p.

LANGEVIN, André
Dust over the City. Translated by John Latrebe and Robert Gottlieb. Toronto : McClelland & Stewart, 1955.
Évadé de la nuit. Cercle du Livre de France, [1951]. 245 p.
L'Oeuil du peuple : Pièce en trois actes. Cercle du Livre de France, [1958, c 1957]. 127 p.
Poussière sur la ville : Roman. Cercle du Livre de France, 1953. 213 p.
Le Temps des hommes : Roman. Cercle du Livre de France, [1956]. 233 p.
      Lucille Isabelle, comp. «Essai de bio-bibliographie sur André Langevin.» [n.p. — sans éditeur], 1952. xv + 57 p. (Microfilm)

LANGEVIN, Gilbert

A la gueule du jour. Éditions Atys, [1959]. [unpaged — sans pagination].

Noctuaire. Estérel, [1967]. 36 p.

Un Peu Plus d'ombre au dos de la falaise, 1961-1962. Estérel, [1966]. 81 p.

Poèmes à l'effigie de Larouche, Larsen, Miron, Carrier, Châtillon, Caron, Marguère et moi. Éditions Atys, [n.d. — sans date]. [unpaged — sans pagination].

Pour une aube. Estérel, [1967]. 72 p.

Symptômes : Poèmes 1959-1960. Éditions Atys, [1963]. [unpaged — sans pagination].

Le Vertige de sourire. Éditions Atys, 1960.

LANGUIRAND, Jacques

Le Dictionnaire insolite. Éditions du Jour, c 1962. 155 p.

Le Gibet. Cercle du Livre de France, [c 1960]. 147 p.

Les Grands Départs. Cercle du Livre de France, [c 1958]. 119 p.

Les Insolites, et Les Violons de l'automne. Cercle du Livre de France, [1962]. 211 p.

Tout compte fait. Paris : Denoël, 1963. 193 p.

LAPALME, Auguste

Dialogues des vivants et des morts; agrémenté d'un prologue et coupé de plusieurs monologues autour du livre «Un Pèlerinage à l'École de Rang.» Action canadienne-française, 1931. 383 p.

LAPERLE-BERNIER, Albertine

Dans la nuit sombre : Roman. Éditions Modèles, [1942]. 266 p.

La Voix de l'âme : Roman. Éditions Modèles, [1944]. 186 p.

LAPLANTE, Jean de

Le Petit Juif : Roman. Beauchemin, 1962. 162 p.

LAPOINTE, Arthur

Soldier of Quebec (1916-1919). Translated by R. C. Fetherstonhaugh. [Préface de l'auteur]. Garand, 1931. 116 p.

Souvenirs d'un soldat du Québec, 22ᵉ bataillon, 1917-1918. [Préface de Claude-Henri Grignon]. 4ᵉ éd. Éditions du Castor, [1944]. 259 p.

LAPOINTE, Gratien

Jour malaisé : Offrande, Musiques peintes, Aquarelles d'automne, Chiffons de lumière, Étoiles mortes, Murailles du soir, Jour malaisé. [n.p. — sans éditeur], [1956]. 93 p.

Ode au Saint-Laurent ; précédée de J'appartiens à la terre. Éditions du
Jour, [1963]. 94 p.

Otages de la joie : Poèmes. Éditions de Muy, [1955]. 44 p.

Le Premier Mot ; précédé de Le Pari de ne pas mourir. Éditions du Jour,
[1967]. 99 p.

Le Temps premier. Paris : Grassin, [1962]. 46 p.

LAPOINTE, J. H. voir Lapointe, Henri

LAPOINTE, Henri

Le Trésor du géant : Roman du terroir. [Beauceville] : [L'Éclaireur],
1929. 264 p.

LAPOINTE, Louis-Georges

Le Moulin du crochet. Laval-des-Rapides : Éditions Dequen, 1950. 2
vols.

LAPOINTE, Marcel (Marcel Portal, pseud.)

Au coeur de la chênaie. Fides, [1960]. 155 p.

LAPOINTE, Paul Marie

Choix de poèmes : Arbres. Éditions de l'Hexagone, [1960]. [unpaged
— sans pagination].

Pour les âmes : Poèmes. Éditions de l'Hexagone, [1965, c 1964]. 71 p.

Six Poems. Translated by J. Beaupré and G. Turnbull. Contact Press,
1953.

LAPORTE, Jean Maurice

*Les Aventures de Jim Longpré (détective privé) : Amour, police et
morgue.* Éditions de l'Homme, [1961]. 141 p.

LARAMÉE, Jean

*L'Ame huronne : Drame historique en deux parties, cinq actes avec
choeurs et orchestre (Synthèse des travaux apostoliques des premiers
missionaires martyrs au Canada).* Action Paroissiale, 1931. 171 p.

Chansons du vieux Québec. [Présentation de Jean Laramée et Jean-Paul
Gingras]. 3ᵉ éd. Beauchemin, 1951. 260 p.

> Denise Beauregard, comp. «Essai de bio-bibliographie : P.
> Jean Laramée, S.J.» Université de Montréal, 1953. 28 p.
> (Microfilm)

LAREAU, Edmond

Histoire de la littérature canadienne. [Préface de l'auteur]. Lovell, 1874.
viii + 496 p.

Histoire abrégée de la littérature. [Préface de l'auteur]. Lovell, 1884. x + 562 p.

Mélanges historiques et littéraires. Senécal, 1877. 351 p.

> Marguerite Gauthier, comp. «Bibliographie d'Edmond Lareau.» [L'École des bibliothécaires de l'Université de Montréal], 1943. xv + 36 p. (Microfilm)

LARIVIÈRE, Arthur

La Confession d'un amant : Poèmes. 1ère éd. Bisaillon, [1924]. 77 p.

LARIVIÈRE, Jules

Les Contes de la nature. Avec une lettre-préface de L. A. Richard. Illustrations d'Andrée Larivière. Valiquette, [1942]. 198 p.

LAROQUE, Robert de Roquebrune voir La Roque de Roquebrune, Robert

LA ROQUE DE ROQUEBRUNE, Robert (Robert de Roquebrune, pseud.)

Les Canadiens d'autrefois : Essais. 2e sér. Fides, [1966]. 187 p.

Cherchant mes souvenirs, 1911-1940. Fides, [c 1968]. 243 p.

Contes du soir et de la nuit. Valiquette, [1942]. 150 p.

Les Dames Le Marchand : Roman. [Préface de l'auteur]. Fides, [1964]. 210 p.

D'un océan à l'autre : Roman canadien. Paris : Éditions du Monde Nouveau, 1924. 254 p.

Les Habits rouges : Roman. Fides, 1948. 170 p.

Quartier Saint-Louis : Récit. [Préface de l'auteur]. Fides, [1966]. 199 p.

La Seigneuresse : Roman. Fides, [1960]. 270 p.

Testament de mon enfance : Récit. Paris : Plon, [1951]. 245 p.

Testament of My Childhood. Translated by Felix Walter. Toronto : University of Toronto Press, [1964]. 160 p.

> Louise Marchand, comp. «Bio-bibliographie de Robert Laroque de Roquebrune.» Préface de Madame Jean-Louis Audet. École des bibliothécaires, Université de Montréal, 1941. x + 60 p. (Microfilm)

LAROUCHE, Georges

Ébauche d'un cri. [n.p. — sans éditeur], [n.d. — sans date]. 142 p.

Élans d'amour. [Préface de Marcel Lambert]. [n.p. — sans éditeur], [c 1951]. 99 p.

Val-Menaud : Poèmes. [Préface de Marcel Lambert]. Ottawa : [n.p. — sans éditeur], [1952]. 220 p.

LAROUCHE, Jean Gauguet voir Gauguet-Larouche, Jean

LARSEN, Christian

L'Échouerie. [Illustrations par Gilles Mathieu]. Beauchemin, 1963. 125 p.

LA RUE, Gabriel (Claude Dablon, pseud.)

Le Verger : Roman. 2ᵉ éd. Dessins de Maurice Petitdidier. Fides, [1946, c 1943]. 147 p.

LARUE, Hubert

Mélanges historiques, littéraires et d'économie politique. Québec : Garant & Trudel, 1870-1881. 2 vols.

Voyage sentimental sur la rue Saint-Jean, départ en 1860, retour en 1880 : Causeries et fantaisies. Québec : Darveau, 1879. 168 p.

> Alice Talbot, comp. «Bibliographie du Docteur Hubert Larue. Précédée d'une notice biographique.» École des bibliothécaires, 1943. 15 p. (Microfilm)

LASNIER, Rina

L'Arbre blanc : Poèmes. Ottawa : Éditions de l'Hexagone, [1966]. 84 p.

Escales. [Trois-Rivières] : [Bien Public], 1950. 149 p.

Les Gisants; suivi des Quatrains quotidiens : Poèmes. Éditions de l'Atelier, [c 1963]. 109 p.

Le Jeu de la voyagère. Société des écrivains canadiens, [1941]. 137 p.

Madones canadiennes. [par] Rina Lasnier [et] Marius Barbeau. Beauchemin, 1944. 289 p.

Mémoire sans jours : Poèmes. Éditions de l'Atelier, [c 1960]. 138 p.

Miroirs : Proses. Éditions de l'Atelier, [c 1960]. 127 p.

Présence de l'absence. Éditions de l'Hexagone, [1956]. 67 p.

Rina Lasnier. Textes choisis et présentés par Jean Marcel. Fides, [1965, c 1964]. 96 p.

> Catherine Bareil, comp. «Essai de bio-bibliographie de Rina Lasnier, membre de l'Académie canadienne-française.» [n.p. — sans éditeur], 1948. vii + 16 p. (Microfilm)
> Éva Kushner. *Rina Lasnier.* Fides, [c 1964]. 191 p.
> Estelle Saint-Germain, comp. «Bio-bibliographie de Rina Lasnier de l'Académie canadienne-française.» Saint-Jean : [n.p. — sans éditeur], 1950. xiii + 33 p. (Microfilm)

LASSALLE, Eugène

Comédiens et amateurs : Le Théâtre et ses dessous. [Préface de Frédéric Pelletier]. Le Devoir, 1919. 234 p.

LA TOUR FONDUE, Geneviève de

Interviews canadiennes. Chantecler, 1952. 261 p.

Monsieur Bigras : Roman. Beauchemin, 1944. 251 p.

Retour à la Vigie : Roman. Beauchemin, [1942]. 220 p.

LAUNIÈRE-DUFRESNE, Anne-Marie de voir Dufresne, Anne-Marie (de Launière)

LAURENDEAU, André
Une Vie d'enfer. H.M.H., 1965. 197 p.
Voyage au pays de l'enfance. Beauchemin, 1960. 218 p.

LAURENDEAU, Jean
Canadien français, dans tes brumes. Québec : Éditions de l'Arc, 1962. 61 p.

LAURIER, Claude
D'un monstre à l'autre. Éditions Atys, [1961]. 40 p.

LAURIER, Sir Wilfrid
Discours à l'étranger et au Canada. «Souvenirs de L.-O. David.» Beauchemin, [c 1909]. xcix + 472 p.
Discours de Sir Wilfrid Laurier de 1889 à 1911. (Compilés par) Alfred De Celles. Beauchemin, 1920. ii + 219 p.
Discours de Sir Wilfrid Laurier de 1911 à 1919. (Compilés par) Alfred De Celles. Beauchemin, 1920. ii + 219 p.
Sir Wilfrid Laurier : Letters to My Father and Mother. Selected and edited by Lucien Pacaud. Toronto : Ryerson, [c 1935]. 148 p.
Sir Wilfrid Laurier : Lettres à mon père et à ma mère, 1867-1919. (Compilées par) Lucien Pacaud. [n.p. — sans éditeur], 1935. 349 p.
Wilfrid Laurier à la tribune : Recueil des principaux discours prononcés au Parlement ou devant le peuple par l'Honorable W. Laurier. Édition française. Compilée par Ulric Barthe. Précédée d'une étude sur sa carrière et son oeuvre. [Introduction de Ulric Barthe]. Québec : Turcotte & Ménard, 1890. xxxii + 617 + x p.
Wilfrid Laurier on the Platform, 1871-1890 : Collection of the Principal Speeches made in Parliament or before the People by the Honorable Wilfrid Laurier since his Entry into Active Politics in 1871. Compiled by Ulric Barthe. Introduction by L. O. David, Rodolphe Lemieux, J. S. Willison et Ulric Barthe. Québec : Turcotte & Ménard, 1890. xxxii + 624 p.

LAURIN, Florent
Erres boréales. [Préface de Damase Potvin]. [n.p. — sans éditeur], [1943]. 221 p.

LAVALLÉE, Jeannine
Gertrude Faucher, comp. «Bio-bibliographie de Jeannine Lavallée.» Préface de Hélène Charbonneau. École de l'Université de Montréal, 1945. 26 p. (Microfilm)

LAVOIE, Carmen

Saisons de bohème : Poèmes. Québec : Caritas, 1954. 122 p.

LAVOIE, Édouard

Mélanges poétiques, en deux parties. Dessins par notre artiste canadien M. Eugène Hamel. Québec : Action sociale, 1922. 174 p.

LAVOIE, Émile

Le Grand Sépulchre blanc : Roman canadien inédit. Illustrations d'Albert Fournier. Garand, [1925]. 84 p.

LE BEL, Cécile

Géraldine est une peryle : Comédie en trois actes. Déom, [1964]. 112 p.

LEBEL, Joseph Marc Octave Antoine (Jean Féron, pseud.)

Les Amours de W. Benjamin : Roman canadien inédit. Illustrations d'Albert Fournier. Garand, [c 1931]. 63 p.

L'Aveugle de Saint-Eustache : Grand Roman canadien historique inédit. Illustrations d'Albert Fournier. Garand, [n.d. — sans date]. 80 p.

La Belle de Carillon : Roman canadien inédit. Illustrations d'Albert Fournier. Garand, [c 1929]. 80 p.

La Besace de haine : Roman historique canadien inédit. Illustrations d'Albert Fournier. Garand, [c 1927]. 107 p.

Les Cachots d'Haldimand : Grand Roman canadien historique inédit. Illustrations d'Albert Fournier. Garand, [c 1925]. 80 p.

La Capitaine Aramèle : Roman canadien inédit. Illustrations d'Albert Fournier. Garand, [c 1928]. 76 p.

La Corvée : Roman canadien inédit. Illustrations d'Albert Fournier. Garand, [c 1929]. 72 p.

Le Dernier Geste : Roman canadien inédit. Illustrations de Maurice Gagnon. Garand, [c 1944]. 86 p.

Le Drapeau blanc : Roman historique inédit. Illustrations d'Albert Fournier. Garand, [c 1927]. 88 p.

L'Échafaud sanglant : Grand Roman historique canadien inédit. Époque : Gouvernement de Frontenac 1674. Illustrations d'Albert Fournier. Garand, [c 1929]. 64 p.

L'Espion des habits rouges : Roman canadien inédit. Illustrations d'Albert Fournier. Garand, [c 1928]. 72 p.

L'Étrange Musicien : Roman canadien inédit. Illustrations d'Albert Fournier. Garand, [c 1930]. 64 p.

La Femme d'or : Grand Récit canadien. Illustrations d'Albert Fournier. Garand, [c 1925]. 36 p.

Fierté de race : Grand Roman canadien inédit. Illustrations d'Albert Fournier. Garand, [c 1924]. 66 p.

La Fin d'un traître : Roman Canadien inédit. Illustrations d'Albert Fournier. Garand, [c 1930]. 72 p.

L'Homme aux deux visages : Grand Roman historique canadien inédit : Période Frontenac, 1674. Illustrations d'Albert Fournier. Garand, [c 1930]. 72 p.

Jean de Brébeuf : Roman canadien inédit. Illustrations d'Albert Fournier. Garand, [c 1928]. 76 p.

Le Manchot de Frontenac : Roman canadien inédit. Illustrations d'Albert Fournier. Garand, [c 1926]. 96 p.

Le Mendiant noir : Roman canadien inédit. Illustrations d'Albert Fournier. Garand, [c 1928]. 80 p.

La Métisse : Roman canadien inédit. Illustrations de A. Fournier, de S. Lefèbvre et A. S. Brodeur. Garand, [c 1923]. 64 p.

La Métisse : Roman canadien. Garand, [c 1926]. 214 p.

Le Patriote : Grand Roman historique canadien inédit. Illustrations d'Albert Fournier. Garand, [c 1926]. 68 p.

La Petite Canadienne : Roman canadien inédit. Illustrations d'Albert Fournier. Garand, [c 1931]. 75 p.

Le Philtre bleu : Grand Récit canadien. Illustrations d'Albert Fournier. Garand, [c 1924]. 29 p.

La Prise de Montréal : Roman canadien inédit. Illustrations d'Albert Fournier. Garand, [c 1928]. 76 p.

La Revanche d'une race : Grand Roman canadien inédit. Illustrations d'Albert Fournier. Garand, [c 1924]. 124 p.

Stories of l'Habitant. [n.p. — sans éditeur], [1923-27]. [unpaged — sans pagination].

Les Trois Grenadiers (1759) : Roman historique inédit. Illustrations d'Albert Fournier. Garand, [c 1927]. 84 p.

La Valise mystérieuse : Roman canadien inédit. Illustrations d'Albert Fournier. Garand, [c 1930]. 64 p.

La Vierge d'ivoire : Grand Récit canadien inédit. Illustrations d'Albert Fournier. Garand, [n.d. — sans date]. 42 p.

LEBEL, Maurice

D'Octave Crémazie à Alain Grandbois : Études littéraires. Québec : Éditions de l'Action, 1963. 285 p.

L'Explication des textes littéraires : Méthode d'explication et choix de textes. Québec : Presses Universitaires Laval, 1957. 342 p.

LEBLANC, Émery

Les Entretiens du village. [Préface de Reynold Teasdale]. Moncton : [n.p. — sans éditeur], [n.d. — sans date]. 148 p.

LEBLANC, Madeleine

Le Dernier Coup de fil : Roman. Éditions la Québécoise, [1965]. 88 p.
La Muraille de brume : Roman. Beauchemin, 1963. 160 p.
Ombre et lumière. Hull : Éditions de Brume, 1960. 63 p.
Les Terres gercées. Éditions la Québécoise, [1965]. 37 p.
Visage nu : Poèmes. Beauchemin, 1963. 60 p.

LEBLANC, Paul (Paul Desmarins, pseud.)

Josette, la petite acadienne. Illustrations de Laurent Bédard. 2e éd.
Granger, [c 1955]. 125 p.
Remontée vers l'absolu : Essai sur Léon Bloy. Beauchemin, 1957.
157 p.

LEBRUN, Amédée

Une Femme en lambeaux. L'Épiphanie, 1952. 100 p.

LEBRUN, Denis

Du sable et des cendres. Sans le Sou, [c 1966]. 89 p.
Le Temps d'entre deux pas : Poèmes. [Préface de Clément Martel].
Sans le Sou, [1968]. 99 p.

LECLERC, Amélie (Millicent, pseud.)

Campanules. Québec : [Action sociale], 1923. 146 p.

LECLERC, Claude (pseud.) voir Bellemare, Pierrette (Rouleau)

LECLERC, Félix

Adagio : Contes. Dessins de la couverture par Jacques Gagnier. Fides,
1952, [c 1943]. 201 p.
Allegro : Fables. Dessins de la couverture par Henri Beaulac. 5e éd.
Fides, 1947. 195 p.
Andante : Poèmes. 4e éd. Fides, 1947. 158 p.
Andante : Poèmes. 5e éd. Fides, 1952. 166 p.
L'Auberge des morts subites : Comédie en deux actes. Illustrations de
Yves Massicotte. Beauchemin, 1964. 203 p.
Le Calepin d'un flâneur. Fides, [1961]. 170 p.
Les Chansons de Félix Leclerc. Paris : Breton, [c 1950].
Chansons pour tes yeux. [Paris] : [Laffont], [1968]. 119 p.
Dialogues d'hommes et de bêtes. 2e éd. Fides, 1951. 217 p.
Dialogues d'hommes et de bêtes. Précédé d'une chronologie, d'une biblio-
graphie, et de jugements critiques. Fides, [1967, c 1949]. 223 p.
Félix Leclerc. Présentation par Luc Bérimont. Choix de textes et de
chansons. Discographie, portraits, fac-similés. Fides, [1964]. 191 p.
Le Fou de l'île : Roman. Paris : Denoël, [1958]. 222 p.

Le Fou de l'île. Précédé d'une chronologie, d'une bibliographie et de jugements critiques. Fides, [1967], 215 p.

Le Hamac dans les voiles : contes (extraits de «Adagio» «Allegro» «Andante»). Paris : Fides, [1952, c 1951]. 140 p.

Le Hamac dans les voiles. Précédé d'une chonologie, d'une bibliographie et de jugements critiques. Contes extraits de *Adagio, Allegro, Andante.* Fides, 1968. 216 p.

Moi, mes souliers : Journal d'un lièvre à deux pattes. Préface de Jean Giono. Paris : Amiot-Dumont, [c 1955]. 226 p.

Moi, mes souliers : [Journal d'un lièvre à deux pattes]. Préface de Jean Giono, précédé d'une chronologie, d'une bibliographie et de jugements critiques. Fides, [1967]. 214 p.

Pieds nus dans l'aube. Fides, 1947. 242 p.

Pieds nus dans l'aube : Roman. 6ᵉ éd. Fides, [1960, c 1946]. 213 p.

Pieds nus dans l'aube. Précédé d'une chronologie, d'une bibliographie, et de jugements critiques. Fides,1967. 215 p.

Le P'tit Bonheur, [et] Sonnez les matines. Beauchemin, 1959. 153 p.

Le P'tit Bonheur : Douze Saynètes. Nouv. éd. Beauchemin, 1964. 279 p.

Sonnez les matines : Comédie en sept tableaux. Beauchemin, 1963, [1964]. 126 p.

Théâtre de village. Fides, 1951. 190 p.

> Jean-Claude Le Pennec. *L'Univers poétique de Félix Leclerc.* Fides, [1967]. 267 p.
>
> Marcelle Paquette, comp. «Bibliographie de Félix Leclerc.» Préface de Lucien Thériault. Université de Montréal, 1945. xxii + 49 p. (Microfilm)
>
> Jean-Noël Samson, éd. *Félix Leclerc.* [Préface de Jean Giono]. Fides, [c 1967]. 87 p. (Dossiers de documentation sur la littérature canadienne-française, 2).

LECLERC, Gilles

La Chair abolie. [Préface de l'auteur]. Éditions de l'Aube, [1957]. 63 p.

L'Invisible Occident. [Préface de l'auteur]. Éditions de l'Aube, [1958]. 163 p.

Journal d'un inquisiteur. Éditions de l'Aube, [c 1960]. 313 p.

LECLERC, Justa (Marjolaine, pseud.)

Gerbes d'automne. Beauchemin, 1928. 122 p.

> Madeleine Tower, comp. «Bio-bibliographie de Marjolaine.» Préface par Monique. École de bibliothécaires, 1946. 60 p. (Microfilm)

LECLERC, Rita

Germaine Guèvremont. Fides, [1963]. 188 p.

LEFAIVRE, Albert Alexis (J. Guérard, pseud.)

Conférence sur la littérature canadienne. [Versailles] : Bernard, Libraire- Éditeur, 1877. 61 p.

Essai sur la littérature allemande : La Poésie aux États-Unis. Québec : Delisle, 1881. xii + 370 p.

LEFEBVRE, Georgiana (Ginevra, pseud.)

Billets de Geneviève. Première Série. Québec : Le Soleil, 1922. 260 p.

LEFEBVRE, Justin

Jean Rhobin : Roman. S. Brousseau, 1946. 137 p.

LE FRANC, Jeanne

Les Heures brèves : Chroniques et causeries. Québec : Action sociale, 1927. 233 p.

LE FRANC, Marie

Au pays canadien-français. Paris : Fasquelle, [c 1931]. 237 p.

Enfance marine. Fides, [1959]. 150 p.

Le Fils de la forêt : Roman. Paris : Grasset, [1952]. 255 p.

Grand-Louis l'innocent. 52e éd. Paris : Rieder, 1927. 240 p.

Grand-Louis le revenant : Roman. Paris : Éditions du Tambourin, [1930]. 279 p.

Hélier, fils des bois. Paris : Rieder, 1930. 283 p.

Le Poste sur la dune. 18e éd. Paris : Rieder, 1928. 270 p.

La Rivière solitaire : Roman. [Préface de Léo-Paul Desrosiers]. Fides, [c 1957]. 194 p.

Visages de Montréal. Déom, [1934]. 236 p.

Les Voix du coeur et de l'âme. Perrault, 1920. 139 p.

> Jacques Préfontaine. «Le Peintre de la forêt : Marie Le Franc.» [n.p. — sans éditeur], 1953. 5 p. (Microfilm)

LEGAGNEUR, Serge

Textes interdits. Estérel, 1966. 136 p.

LÉGARÉ, Romain, O.F.M.

L'Aventure poétique et spirituelle de Saint-Denys Garneau. Fides, [1957]. 190 p.

LEGAULT, Émile

Confidences. Fides, [1957, c 1955]. 188 p.

Le Grand Attentif : Jeu scénique à la gloire de Saint-Joseph. Fides, [1956]. 64 p.

J'ai cinq enfants et mon mari. Fides, [1957]. 47 p.

Kermesse des anges et des hommes. [Préface de Guy Mauffette]. Fides, [1960]. 63 p.

Violaine ma soeur. 2ᵉ éd. Fides, [1957]. 47 p.

Jean-Maurice Charbonneau, comp. «Bio-bibliographie du R. P. Émile Legault, C.S.C.» École des bibliothécaires, 1945. 47 p. (Microfilm)

LEGAULT, Philippe

De St-Lin à San Francisco; ou, Journal de vôyages, 1894. [Préface de l'abbé J.-B. Proulx]. Joliette : Imprimerie Générale, 1897. xii + 263 p.

LEGAULT, Rolland

Le Chien noir : Légendes de chez nous, histoires de chez nous. Lumen, [1947, c 1946]. 154 p.

La Rançon de la cognéé. Lumen, 1945. 196 p.

Risques d'hommes : Roman. Fides, 1950. 247 p.

LEGENDRE, Napoléon

Annibal. Lévis : Roy, 1898. 120 p.

Échos de Québec. Québec : Côté, 1877. 2 vols.

Les Perce-neige : Premières Poésies. Québec : Darveau, 1886. 222 p.

LEGENDRE, Paul

Fête au village : Récits. Québec : I.L.Q., [1953]. 203 p.

Fête au village : Récits. [Préface de Félix Antoine Savard]. Rééd. Éditions de l'Homme, [1964]. 188 p.

LÉGER, J. O.

Lipha ses étapes. [n.p. — sans éditeur], [n.d. — sans date]. 210 p.

LÉGER, Jules

Le Canada français et son expression littéraire. Paris : Nizet et Bastard, 1938. 211 p.

LÉGER, Pierre

Le Pays au destin nu; suivi de Journal pour Patrice; ou, Les Feux de la rampe du poème. Beauchemin, [1963]. 97 p.

Poèmes sur l'amour, le désespoir et l'espérance. Outremont : [n.p. — sans éditeur], [1955]. 43 p.

La Supplique de ti cul La Motte. Éditions Miniatures, [1967]. 91 p.

LEGRIS, Isabelle

Jonathan, petit anglais perdu. Beauchemin, 1958. 135 p.

Ma Vie tragique : Poèmes de la douleur et du sang. Éditions du Mausolée, 1947. 158 p.

Parvis sans entrave : Poèmes. Beauchemin, [1963]. 130 p.

LE JEUNE, Louis

Marcel Gingras, comp. «Bio-bibliographie du R. P. Louis Le Jeune, O.M.I.» Trois-Rivières : Ecole des bibliothécaires de l'Université Laval de Montréal, [1946]. iv + 22 p. (Microfilm)

LEMAY, Georges

Petites Fantaisies littéraires. Québec : Delisle, 1884. 211 p.

LEMAY, Hugolin Marie

Horizons et pensées. [n.p. — sans éditeur], 1925. 261 p.

Vieux Papiers, vieilles chansons. [Imprimerie des Franciscains], 1936. 193 p.

LEMAY, Léon Pamphile

L'Affaire Sougraine. Québec : Darveau, 1884. 458 p.

Le Chien d'or : Légende canadienne par William Kirby. Traduit par L. P. Lemay. L'Entendard, 1884. 294 p.

Contes vrais. Québec : Le Soleil, 1899. 259 p.

Deux Poèmes couronnés par l'Université Laval. [Préface de l'auteur]. Québec : Delisle, 1870. 250 p.

Les Épis : Poésies fugitives et petits poèmes . Guay, 1914. 257 p.

Essais poétiques. [«Au lecteur» — de l'auteur]. Québec : Desbarats, 1865. xi + 320 p.

Évangéline et autres poèmes de Longfellow. Traduction libre par Pamphile Lemay. 3e éd. [Préface de Édouard Richard]. Guay, 1912. 209 p.

Fables canadiennes. Québec : Darveau, 1882. 351 p.

Fêtes et corvées. Lévis : Pierre-Georges Roy, 1898. 82 p.

Une Gerbe : Poésies. Québec : Darveau, 1879. 232 p.

Les Gouttelettes : Sonnets. Beauchemin, 1904. 232 p.

Le Pèlerin de Sainte-Anne. Québec : Darveau, 1877. 2 vols.

Petits Poèmes. Québec : Darveau, 1883. 209 p.

Reflets d'antan : Poèmes. Granger, 1916. 217 p.

Les Vengeances : Poème canadien. Québec : Darveau, 1875. 323 p.

Les Vengeances : Poème rustique. 3e et dernière éd. Granger, 1930. 286 p.

LEMELIN, Roger

Au pied de la pente douce: Roman. Édition de l'Arbre, [1944]. 332 p.

Fantaisies sur les péchés capitaux. 3e éd. Beauchemin, [1950, c 1949]. 188 p.

In Quest of Splendour. Translated by Harry Lorin Binsse. [Preface by Harry Lorin Binsse. Toronto : McClelland & Stewart, [c 1955]. 288 p.

Peter de grootmoedige. Antwerpen : N. V. Standaard-Boekhandel, [1956]. 263 p.

Pierre le magnifique : Roman. Paris : Flammarion, [1953]. 278 p.

Les Plouffe : Roman. Québec : Belisle, [1951 c 1948]. 470 p.

The Plouffe Family. Translated from the French by Mary Finch. Toronto : McClelland & Stewart, 1950. 373 p.

The Town Below. Translated by Samuel Putman. [Introductory note by Samuel Putnam]. New York : Reynald & Hitchcock, [c 1948]. xiii + 302 p.

The Town Below. Translated by Samuel Putnam. Introduction by Glen Shortliffe. [Toronto] : McCelland & Stewart, [c 1961]. xii + 286 p.

LEMIEUX, Alice

Heures effeuillées : Poésies. [Préface de M. Alphonse Desilets]. Québec : [Tremblay], 1926. iv + 138 p.

Poèmes. [Préface de Robert Choquette]. Action canadienne-française, 1929. 164 p.

LE MOIGNAN, Michel

Le Frère Antoine Bernard, historien de la Gaspésie et du peuple acadien. [Introduction de l'auteur]. Gaspé : Éditions Gaspésiennes, 1966. 123 p.

LEMOINE, James MacPherson

Monographies et esquisses. Québec : Gingras, 1885. iii + 478 p.

> Yvonne Beauregard, comp. «Bio-bibliographie de Sir James MacPherson Lemoine.» École de bibliothécaires de l'Université de Montréal, 1940. 95 p. (Microfilm)

LE MOINE, Roger

Joseph Marmette : Sa Vie, son oeuvre; suivi de A travers la vie: Roman de moeurs canadiennes. Québec : Presses de l'Université Laval, 1968. 250 p.

LEMOINE, Wilfrid Charles

Les Anges dans la ville; suivi de L'Ange gardien, et L'Ange de solitude. Éditions d'Orphée, [1959]. 150 p.

Le Funambule. Cercle du Livre de France, [1965]. 158 p.

Les Pas sur terre. Chantecler, 1953. 125 p.

Sauf Conduits. [Éditions d'Orphée], [1963]. [unpaged — sans pagination].

> Françoise Lamarre, comp. «Essai de bio-bibliographie : Monsieur Wilfrid Lemoine.» Université de Montréal : École de bibliothécaires, 1953. 15 p. (Microfilm)

LEMONNIER, Léon

La Ceinture iroquoise : Roman. Paris : Éditions Self, [1946, c 1945]. 294 p.

LE MOYNE, Gertrude Hodge

Fractures acquittées. Éditions de l'Hexagone, [1964]. 29 p.

LE MOYNE, Jean

Convergences. H.M.H., 1961. 324 p.

Essays from Quebec : Convergences. Translation by Philip Stratford. [Foreword by Jean Le Moyne [and] Translator's Preface]. Toronto: Ryerson, [c 1966]. xii + 256 p.

LE MYRE, Oscar

Sur les ondes : Poèmes et pièces radiophoniques. [n.p. — sans éditeur], [n.d. — sans date]. 191 p.

Les Voix. [Avant-propos de Paul Morin]. Imprimerie Modèle, 1929. 280 p.

LENOIR-ROLLAND, Joseph

Poèmes épars. Recueillis, mis en ordre et publié par Casimir Hébert. Le Pays laurentien, 1916. 74 p.

> Monique Biron, comp. «Essai bio-bibliographique sur Joseph Lenoir-Rolland, poète canadien.» École de bibliothécaires de l'Université de Montréal, 1948. iv + 10 p.

LE NORMAND, Michelle (pseud.) voir Desrosiers, Marie-Antoinette Tardif

LE PENNEC, Jean-Claude

L'Univers poétique de Félix Leclerc. Fides, [1967]. 267 p.

LESAGE, Germain

Notre Éveil culturel. [Préface de l'auteur]. Rayonnement, 1963. 200 p.

LESAGE, Jules Siméon

Chroniques laurentiennes. [Préface de l'auteur]. Québec : L. Brousseau, 1901. 175 p.

Conférence sur la littérature canadienne : Conférence prononcée devant le Cercle littéraire de Chambly le 21 avril 1901. Québec : L. Brousseau, 1901. 43 p.

Notes et esquisses québécoises : Carnet d'un amateur. [Préface de l'auteur]. Québec : Tremblay, 1925. 264 p.

Notes biographiques, Propos littéraires. [Préface de l'auteur]. Garand, [1931]. 257 p.

Propos littéraires : Écrivains d'hier. 2e série. Québec : L'Action catholique, 1933. 260 p.

LESPÉRANCE, John

Les Bastonnais. Beauchemin & fils, 1896. 272 p.

Tuque bleue : A Christmas Snowshoe Sketch. Dawson Bros., 1882. 35 p.

LESSARD, Camille

Le Pèlerinage de la grande misère : Souvenirs vécus 1940-1944. 2e éd. Fides, [1955, c 1954]. 261 p.

LESTRES, Alonié de (pseud.) voir Groulx, Lionel

LEVASSEUR, Nazaire

Têtes et figures. [Préface de l'auteur]. Québec : Le Soleil, 1920. 285 p.

LEVASSEUR, Yvonne

En quête d'espace et d'oubli. [Préface de Pierre Gravel]. Québec : Forum, 1947. 194 p.

LÉVEILLÉ, Ernestine Pineault (Mme Joyberte Soulanges, pseud.)

Comment ils ont grandi. [Préface de Fadette]. Action française, 1922. 102 p.

Dollard : L'Épopée de 1660 racontée à la jeunesse. Préface de Laure Conan. Action française, [c 1921]. 102 p.

LÉVEILLÉ, J. R.

Tombeau. Winnipeg : Canadian Publishers, 1968. 101 p.

LÉVEILLÉ, Lionel Englebert (Englebert Gallèze, pseud.)

Chante rossignol chante : Poésies. L'Éclaireur, 1925. 121 p.

Les Chemins de l'âme : Poésies. Préface d'Albert Ferland. Daoust & Tremblay, 1910. 109 p.

La Claire Fontaine : Poésies. Beauchemin, [1913]. 114 p.

Vers la lumière : Poèmes. Action canadienne-française, 1931. 125 p.

LÉVESQUE, Alice (Lemieux)

L'Arbre du jour : Poèmes. Québec : Garneau, [1964]. 70 p.

Silences : Poèmes. [Avant-propos de Gustave Thibon]. Québec : Garneau, 1962. 77 p.

LÉVESQUE, Claire

Les Pouls de ma vie : Poèmes. Lévesque, [1957]. 44 p.

LÉVESQUE, Claude

Littérature québécoise : Voix et images du pays. Éditions de Sainte-Marie, 1967. 131 p. (Cahiers de Sainte-Marie, 4).

LÉVESQUE, Léo Albert (Rosaire Dion-Lévesque, pseud.)

En égrenant le chapelet des jours : Poésies. [Préface de Henri d'Arles]. Carrier, 1928. 168 p.

Jouets : Poèmes d'inspiration enfantine. [Chantecler], [1952]. 72 p.

Quête : Poèmes. Québec : Garneau, [1963]. 50 p.

Solitudes. Chantecler, [1949]. 94 p.

Vita : Poèmes. Valiquette, [1939]. 128 p.

LÉVESQUE, Paul

Un Choeur de sansonnets. par Paul Rigaux [pseud.]. L'Épiphanie, Agences Dulay, [1956]. 100 p.

LÉVESQUE, Raymond

Quand les hommes vivront d'amour. Québec : Éditions de l'Arc, [1968, c 1967]. 136 p.

LÉVESQUE, Richard

Treize; suivi de Ophelia. Hauterive : Viking, 1965. 67 p.

LEYLAND, Marie Elizabeth

Joseph-François Perrault : Années de jeunesse, 1753-1783. Québec : Presses Universitaires Laval, 1959. 76 p.

LOISELLE, Alphonse

Le Pont rouge : Roman canadien inédit. Illustrations d'Albert Fournier. Garand, [c 1930]. 63 p.

LONGPRÉ, Lyse

Le Destin s'amuse :Roman. Beauchemin, 1948. 347 p.

La Magie des ruines: Roman. Chantecler, 1953. 201 p.

LORANGER, Françoise

Encore cinq minutes ; suivi de Un Cri qui vient de loin. Cercle du Livre de France, [c 1967]. 131 p.

Une Maison ... un jour : Pièce en deux actes. Cercle du Livre de France, [c 1965]. 151 p.

Mathieu. Cercle du Livre de France, 1949. 347 p.

LORANGER, Jean Aubert

Les Atmosphères [et] Le Passeur : Poèmes et autres proses. [Morrissette], [1920]. 62 p.

Poèmes. Morissette, 1922, 112 p.

LORD, Denis

Aller-retour : Roman. Beauchemin, 1962. 173 p.

La Violence des forts. Éditions du Lys, [1964]. 205 p.

LORIMIER, Louis Raoul de

Au coeur de l'histoire : Évocation et récits tirés de la chronique et de l'histoire de la Nouvelle-France. Avec annotations. Préface de l'abbé Élie-J. Auclair de la Société royale du Canada. Le Devoir, 1920. 316 p.

LORRAIN, Léon

Chroniques. [n.p. — sans éditeur], [n.d. — sans date]. 121 p.

Les Fleurs poétiques: Simples Bluettes, Immortelles et pensées, Roses et marguerites, Violettes et pivoines, Poésies diverses. [Préface de l'auteur]. Beauchemin et fils, 1890. v + 182 p.

LORRAIN, Robert

Mon Petit Monde à trois pattes. Brabant, 1966. 102 p.

LORRAIN, Roland

Perdre la tête : Roman. Éditions du Jour, [1962]. 188 p.

LOSIQUE, Serge

De Zénith à Azimut: Un Scribomatic. Éditions du Jour, [1968]. 157 p.

LOUVAIN, Gilbert

La Catherine de Montréal ; ou, La Fille qui tombe dans la gueule du loup. Éditions Princeps, [c 1961]. 142 p.

LOUVIGNY DE MONTIGNY voir Montigny, Louvigny Testard de

LOZEAU, Albert

Albert Lozeau. Textes choisis et présentés par Yves de Margerie. Fides, [1958]. 95 p.

Billets du soir. Le Devoir, 1911. 125 p.

Billets du soir. Nouvelle série. Le Devoir, 1912. 128 p.

Lauriers; et, Feuilles d'érable. Le Devoir, 1916. 154 p.

Le Miroir des jours. Le Devoir, 1912. 245 p.

Poésies complètes. Éd. définitive. [n.p. — sans éditeur], 1925-26. 3 vols.

> Soeur Marie de Sion, comp. «Bio-bibliographie d'Albert Lozeau.» École de bibliothécaires de l'Université de Montréal, 1938. [unpaged — sans pagination]. (Microfilm)

LUDOVIC, Frère

Bio-bibliographie de Mgr Camille Roy. Préface de M. Aegidius Fauteux. Québec : [Frères des Écoles Chrétiennes], 1941. 180 p.

LUSIGNAN, Alphonse

Coups d'oeil et coups de plume. Ottawa : Des Ateliers du Free Press, 1884. ii + 342 p.

McCABE, L. Dubois voir Dubois-McCabe, L.

MacCUBBIN, Marjorie

Coups de dés. [Imprimerie Saint-Joseph], [1954]. 77 p.

J'ai à vous parler. [Préface de Guy Boulizon]. [Imprimerie Saint-Joseph], [1952]. 86 p.

> Laure Dessureau, comp. «Essai de bio-bibliographie : Mademoiselle Marjorie MacCubbin.» Université de Montréal : École de bibliothécaires, 1953. 26 p. (Microfilm)

McGIBBON, Marcelle

Le Feu qui couve. Association Canadienne du Théâtre d'Amateurs, 1964. 40 p.

MABIT, Jacqueline voir Baillargeon, Mme Pierre

MADELEINE, (pseud.) voir Huguenin, Mme Wilfrid

MAGNAN, Denis Michel

Rime et raison : Poèmes populaires. Québec : Action sociale, 1923. 225 p.

MAGNAN, Jean-Charles

Confidences. Fides, [1960]. 207 p.

Sur les routes d'Haïti : New York, Virginie, Floride, Îles Bahama, La Jamaïque, Haïti. Fides, [1953]. 184 p.

MAHEUX, Arthur

        Lucien Lortie, comp. «Bibliographie analytique de l'oeuvre de l'abbé Arthur Maheux, de la Société royale du Canada, archiviste et professeur d'histoire du Canada à l'Université Laval; précédée d'une biographie.» Préface de Mgr Camille Roy. [Lettre à l'auteur : Mlle Marie-Claire Daveluy]. Québec : [n.p. — sans éditeur], 1942. 159 p. (Microfilm)

MAHEUX-FORCIER, Louise

Amadou : Roman. Cercle du Livre de France, [1963]. 157 p.
L'Île joyeuse : Roman. Cercle du Livre de France, [c 1964]. 171 p.

MAILHOT, Carl

Meilleur est rêvé. [n.p. — sans éditeur], 1963. 48 p.

MAILHOT, Michèle

Dis-moi que je vis : Roman. Cercle du Livre de France, [c 1964]. 159 p.
Le Portique. Cercle du Livre de France, [c 1967]. 133 p.

MAILLET, Adrienne

L'Absent et autres récits. Granger, 1955. 200 p.
Amour tenace : Roman. Éditions du Lévrier, [n.d. — sans date]. 200 p.
Coeur d'or, coeur de chair : Roman. Granger, [n.d. — sans date]. 270 p.
De gré ou de force : Roman. Éditions de l'Arbre, 1948. 259 p.
L'Ombre sur le bonheur : Roman. Granger, 1951. 237 p.
L'Oncle des jumeaux Pomponnelle : Roman. Action canadienne-française, 1939. 249 p.
Peuvent-elles garder un secret ? Roman. [Préface de Casimir Hébert]. 2ᵉ éd. rev. et corr. L'auteur, 1938. 316 p.
Trop tard : Roman. [Imprimerie Populaire], 1942. 205 p.
La Vie tourmentée de Michelle Rôbal. 2ᵉ éd. [n.p. — sans éditeur], 1947. 239 p.

        Frère Raymond Crête, comp. «Bio-bibliographie de Mlle Adrienne Maillet.» [Préface de Paul-A. Martin]. Collège Notre-Dame, 1947. 94 p. (Microfilm)

MAILLET, Andrée

Chant de l'Iroquoise. Éditions du Jour, 1967. 75 p.
Élémentaires (1954-1964). Déom, [1964]. 59 p.
Le Lendemain n'est pas sans amour : Contes et récits. Beauchemin, 1963. 209 p.
Les Montréalais. Éditions du Jour, [1963, c 1962]. 145 p.
Nouvelles montréalaises. [Beauchemin], [1966]. 144 p.

Le Paradigme de l'idole : Essai-poème de phénoménologie. Amérique française, 1964. 59 p.

Profil de l'original : Roman. Amérique française, [c 1952]. 218 p.

Les Remparts de Québec : Roman. Éditions du Jour, [1965, c 1964]. 185 p.

MAILLET, Antonine

On a mangé la dune. Beauchemin, 1962. 182 p.

Pointe-aux-Coques : Roman. Fides, [1958]. 127 p.

MAILLOUX, Alexis

Promenade autour de l'Île-aux-Coudres. [Préface de l'abbé H. R. Casgrain]. Sainte-Anne-de-la-Pocatière : Proulx, 1880. 130 p.

MAILLY, Claudy

Le Cortège. [Beauchemin], [1966]. 336 p.

MAJOR, André

Le Cabochon : Roman pour adolescents. Parti Pris, [1964]. 195 p.

La Chair de poule : Nouvelles. Parti Pris, [1965]. 185 p.

Félix-Antoine Savard. Fides, [1968]. 190 p.

Le Froid se meurt : Poèmes. [Préface de Gilles Leclerc]. Éditions Atys, [1961]. 17 p.

Holocauste à 2 voix. Éditions Atys, [1961]. 51 p.

Nouvelles. [par] André Major, Jacques Brault et André Brochu. A.G.E.U.M., 1963. 139 p.

MAJOR, Jean-René

Où nos pas nous attendent. [Éditions Erta], [1957]. 98 p.

MALCHELOSSE, Gérard

Cinquante-six Ans de vie littéraire : Benjamin Sulte et son oeuvre : Essai de bibliographie des travaux historiques et littéraires (1860-1916) de ce polygraphe canadien. Précédé d'une notice biographique par Gérard Malchelosse, d'un poème inédit par Albert Ferland, et d'une préface par Casimir Hébert. Le Pays laurentien, 1916. 78 p.

Michel Bibaud. [n.p. — sans éditeur], 1945. 12 p.

Pseudonymes canadiens. [par] Francis-Joseph Audet et Gérard Malchelosse. [Préface de M. Aegidius Fauteux]. Ducharme, 1936. 189 p.

Marguerite-Marie d'Avignon, comp. «Notes bio-bibliographiques sur Gérard Malchelosse.» École de bibliothécaires, 1948. 20 p. (Microfilm)

MALOUIN, Reine (Voizelle)

Au temps jadis . . . : Théâtre historique. Québec : [L'Action catholique], 1942. 117 p.

Ce Matin, le soleil . . . . Fides, 1962. 95 p.

Cet Ailleurs qui respire : Roman. Québec : [Le Soleil], 1954. 250 p.

Haïti, Île enchantée : A travers la vie. Québec : [L'Institut Saint-Jean-Bosco], 1940. 152 p.

Inviolata : Poème allégorique. Québec : [Le Soleil], 1950. 153 p.

J'ai choisi le malheur. Québec : [Action sociale], 1958. 137 p.

Mes racines sont là . . . Poèmes (Prix du Concours Littéraire). [Québec] : [Garneau], [1967]. 92 p.

Les Murmures : Poèmes. [Préface de Maurice de Montgrain]. [L'Institut Saint-Jean-Bosco], [1939]. 158 p.

Où chante la vie : Roman. Québec : L'Action catholique, 1962. 170 p.

La Poésie il y a cent ans : Essai et anthologie. Présentation de Alice-L. Lévesque. Québec : Garneau, [1968]. 111 p.

La Prairie au soleil : Roman. Québec : [Action sociale], 1960. 181 p.

Princesse de nuit. Québec : Malouin, [n.d. — sans date]. 172 p.

Profonds Destins : Roman. Québec : [Action sociale], 1957. 131 p.

Signes perdus. Québec : [n.p. — sans éditeur], 1964. 95 p.

Tâches obscures. Québec : [Action sociale], 1946. 161 p.

Vertige : Roman. Québec : [Action sociale], 1959. 161 p.

> Janine Dupré, comp. «Bibliographie de Reine Malouin, membre de la Société des Écrivains canadiens, de la Société des Poètes du Canada, de la Société d'histoire régionale de Québec.» Préface par l'abbé Louis-Philippe Garon. Sainte-Anne-de-La Pocatière : [n.p. — sans éditeur], 1947. 78 p. (Microfilm)

MANDEL, Elias Wolf

Poetry 62. Edited by Eli Mandel and Jean-Guy Pilon. Toronto : Ryerson, [1961]. 116 p.

MANVIL, Rita (Katheline Touchette, pseud.)

Le Crocodile. Éditions des Jonchets, 1966. 94 p.

Le Don de Montezuma : Pièce en douze tableaux. Éditions des Jonchets, [1967]. 127 p.

Joies et peines. Paris : Diaspora française, 1961. 45 p.

Oeil pour dent . . . Pièce en trois actes. Éditions des Jonchets, [1965]. 125 p.

MARCEAU, Alain

A la pointe des yeux. Éditions de l'Hexagone, [1958]. 30 p.

MARCEAU, Claude

L'Écrivain canadien face à la réalité. [par] Claude Marceau et Raymond Savard. [Introduction : Georges Boulanger]. Éditions Nocturne, 1962. 62 p.

MARCHAND, Clément

Les Soirs rouges : Poèmes (Prix David 1939). Trois-Rivières : Bien Public, [1947]. 180 p.

> Marguerite Johnson, comp. «Bio-bibliographie de Monsieur Clément Marchand, co-rédacteur du Bien Public.» [Préface de M. Raymond Douville]. Trois-Rivières : [n.p. — sans éditeur], 1946. 93 p. (Microfilm)

MARCHAND, Félix Gabriel

Erreur n'est pas compte; ou, Les Inconvénients d'une ressemblance : Vaudeville en deux actes. Minerve, 1872. 57 p.

Les Faux Brillants : Comédie en cinq actes et en vers. Prendergast, 1885. 106 p.

Mélanges poétiques et littéraires. [Lettre-préface de A.-D. De Celles]. Beauchemin, 1899. xxi + 367 p.

> Berthe Deland, comp. «Bio-bibliographie de M. Félix-Gabriel Marchand, premier ministre de la province de Québec.» Préface de Mlle Hélène Grenier. [n.p. — sans éditeur], 1946. ix + 43 p. (Microfilm)
>
> Helen Anna Gaubert, comp. «Notes bio-bibliographiques sur Félix-Gabriel Marchand, dramaturge.» [Préface de Hélène Grenier], École de bibliothécaires, 1949. v + 21 p. (Microfilm)

MARCHAND, Olivier

Crier que je vis. Éditions de l'Hexagone, [1958]. [unpaged — sans pagination].

Silex 2. [par] Olivier Marchand, Pierre Châtillon et Louis Caron. Éditions Atys, 1960. 19 p.

MARCOTTE, Gilles

L'Aventure romanesque de Claude Jasmin. [Faculté des lettres de l'Université de Montréal], [1965]. 28 p. (Conférences J. A. de Sève, 4).

The Burden of God. Translated from the French by Elisabeth Abbott. New York : Vanguard Press, [1964]. 185 p.

Le Poids de Dieu : Roman. Paris : Flammarion, [1962]. 218 p.

Présence de la critique. Ottawa : H.M.H., 1966. 254 p.

Retour à Coolbrook. Paris : Flammarion, [1965]. 240 p.

Une Littérature qui se fait : Essais critiques sur la littérature canadienne-française. H.M.H., 1962. 293 p.

MARIAMOUR, Jean-Hubert

Fleurs d'ombre et paillettes d'écumes. [Préface de l'auteur]. Laprairie : Séminaire des Saint-Apôtres, 1954. 184 p.

MARIE DE L'INCARNATION

Word from New France : The Selected Letters of Marie de l'Incarnation. Translated and edited by Joyce Marshall. Toronto : Oxford University Press, 1967. 435 p.

MARIE-ANASTASIE, Soeur

Miroir de lumière. Déom, 1964. 95 p.

MARIE-ANDRÉE (pseud.) voir David, Nellie (Maillard)

MARIE-BENOÎT, O.S.B. (Benoît Desforêts, pseud.)

Le Mystère d'un cloître. [Québec] : [Tremblay], [c 1939]. 159 p.
Poèmes de solitude, le cloître, la nature. [Lac Saint-Jean] : [n.d. — sans date]. 128 p.
Le P'tit Gars du colon. Lévesque, 1934. 154 p.
Un Sillon dans la forêt. Beauchemin, [c 1936]. 201 p.

MARIE-HENRIETTE-DE-JÉSUS, Soeur (Olivier Durocher, pseud.)

Lucien Rainier (abbé Joseph-Marie Mélançon) : L'Homme et l'oeuvre. Éditions du Lévrier, 1966. 345 p.

MARIE SAINT-ÉPHREM, Mère voir Saint-Éphrem, Marie

MARIE-VICTORIN

The Chopping Bee, and Other Laurentian Stories. Translation by James Ferres. [Toronto] : Musson, [c 1925]. 255 p.
Croquis laurentiens. Illustrations d'Edmond-J. Massicotte. [Préface d'Ernest Bilodeau]. [n.p. — sans éditeur], 1920. 304 p.
Récits laurentiens. Illustrations d'Edmond-J. Massicotte. [Préface d'Albert Ferland]. 2e éd. [n.p. — sans éditeur], [1919]. 207 p.

> Louis-Philippe Audet. *Le Frère Marie-Victorin, éducateur : Ses Idées pédagogiques.* Préface de Mgr Philippe Perrier ... 16 planches en hors texte et bibliographie complète du frère Marie-Victorin par Marcelle Gauvreau. Québec : Éditions de l'Érable, 1942. xv + 283 p.
> Pierre Labelle, comp. «Notes bio-bibliographiques sur le frère Marie-Victorin.» École de bibliothécaires, 1952. vii + 96 p. (Microfilm)
> Robert Rumilly. *Le Frère Marie-Victorin et son temps.* Frères des Écoles chrétiennes, 1949. 459 p.

MARION, Séraphin

Beaux Textes des lettres françaises et canadiennes-françaises. Avec notes explicatives. Ottawa : [Imprimerie Leclerc], 1955. 292 p.

En feuilletant nos écrivains : Étude de littérature canadienne. Action canadienne-française, 1931. 216 p.

Les Lettres canadiennes d'autrefois. Hull : L'Éclair, 1948-1958. 8 vols.

Origines littéraires du Canada français. Hull : L'Éclair, 1951. 171 p.

The Quebec Tradition : An Anthology of French-Canadian Prose and Verse. Translated into English by Watson Kirkconnell. [Foreword by Watson Kirkconnell]. Lumen, [1946]. 245 p.

Sur les pas de nos littérateurs (Louis Dantin et al.) Lévesque, 1933. 198 p.

> Paule Côté, comp. «Bio-bibliographie de Séraphin Marion, Dr. E. L.» [n.p. — sans éditeur], [n.d. — sans date]. 14 p. (Microfilm)

MARJOLAINE (pseud.) voir Leclerc, Justa

MARMETTE, Joseph

Charles et Éva : Roman historique canadien. [Préface de Léo-Paul Desrosiers]. Lumen, [1945]. 187 p.

François de Bienville : Scènes de la vie canadienne au XVIIᵉ siècle. 2ᵉ éd. Beauchemin et Valois, 1883. 441 p.

François de Bienville : Scènes de la vie canadienne au XVIIᵉ siècle. 4ᵉ éd. Beauchemin, 1924. 203 p.

Héroïsme et trahison : Récits canadiens. Québec : Darveau, 1878. 204 p.

L'Intendant Bigot. Desbarats, 1872.

Récits et souvenirs. Québec : Darveau, 1891. 257 p.

Le Tomahawk et l'épée. Québec : L. Brousseau, 1877. 206 p.

> Roger Le Moine. *Joseph Marmette : Sa Vie, son oeuvre; suivi de A travers la vie : Roman de moeurs canadiennes.* Québec : Presses de l'Université Laval, 1968. 250 p.
> Claude Vandal, comp. «Bio-bibliographie de Joseph-Marmette, docteur en lettres de l'Université Laval de Québec : Archiviste-historien-romancier.» Préface de M. Maurice Brière. Granby : [n.p. — sans éditeur], 1944. 30 p. (Microfilm)

MARSAIS, A.

Romances et chansons. Québec : J. & O. Crémazie, 1854. 82 p.

MARSILE, Moïse Joseph

Épines et fleurs; ou, Passe-temps poétiques. Journal du collège St-Viateur, 1889. 137 p.

Les Laurentiades : Retour au pays des aïeux. Clercs de Saint-Viateur, 1925. 312 p.

MARSOLAIS, Gilles

La Caravelle incendiée; précédé de Souillures et traces et de l'acte révolté. Éditions du Jour, 1968. 60 p.

Le Cinéma canadien. Éditions du Jour, [1968]. 160 p.

La Mort d'un arbre. Déom, [1967]. 77 p.

MARSOLAIS, Jacqueline (Mariane Favreau, pseud.)

Le Gagne-espoir. Éditions d'Orphée, [1961]. 59 p.

MARTEL, Clément

Pauvre mémoire ... (Recueil de poèmes). Sans le Sou, [1968]. 57 p.

MARTIGNY, Paul Lemoyne de

Les Mémoires d'un garnement. Ottawa : Éditions du Lévrier, 1947. 205 p.

Mémoires d'un reporter. Imprimerie Modèle, [n.d. — sans date]. 188 p.

La Vie aventureuse de Jacques Labrie. Pilon, [1945]. 205 p.

MARTIN, Claire (pseud.) voir Faucher, Claire (Montreuil)

MARTIN, Gérard

Bibliographie sommaire du Canada-français, 1854-1954. Québec : Secrétariat de la Province de Québec, 1954. 104 p.

Le Temple : Poèmes. Valiquette, Action canadienne-française, [1939]. 128 p.

Tentations : Roman. Québec : Garneau, [1943]. 237 p.

MARTINO, Jean-Paul

Objets de la nuit. [Éditions Quartz], [c 1959]. [unpaged — sans pagination].

Osmonde. Frontispiece de Léon Bellefleur. Éditions Erta, [1957]. 26 p.

MARVILLE, Claude

Chaconne. Illustrations de Deher. [Trois-Rivières] : Bien Public, [1968]. 63 p.

MASSE, Oscar

La Conscience de Pierre Laubier. Beauchemin, 1943. 160 p.

A Vau-le-Nordet. Beauchemin, 1935. 196 p.

>Rachel Lazure, comp. «Bibliographie d'Oscar Masse.» Préface par Louis-Philippe Robidoux. École des bibliothécaires, 1946. 30 p. (Microfilm)

MASSICOTTE, Édouard Zotique

Anecdotes canadiennes; suivies de Moeurs, coutumes et industries d'autrefois: Mots historiques — miettes de l'histoire. [Préface des éditeurs]. Beauchemin, 1913. 236 p.

Conteurs canadiens français du 19ᵉ siècle. Avec préface, notices et vocabulaire par É. Z. Massicotte. Portraits dessinés par Edmond J. Massicotte. Beauchemin, 1908. viii + 330 p.

> Marguerite Mercier, comp. «Bio-bibliographie de É. Z. Massicotte, archiviste — Palais de Justice de Montréal.» [n.p. — sans éditeur], 1940. 85 p. (Microfilm)
> Victor Morin. *Trois Docteurs : É. Z. Massicotte, Aegidius Fauteux, J. B. Lagacé.* Édition Intime, 1936. 70 p.

MASSICOTTE, Françoise

Sérénité : Poèmes. [n.p. — sans éditeur], 1959. 116 p.

MATHÉ, N. M.

Ma Cousine Mandine : Roman canadien. Garand, 1928, 147 p.

MATHIEU, Claude

La Mort exquise, et autres nouvelles. Cercle du Livre de France, [1965]. 143 p.

Partance. [Préface de Lucie de Vienne]. Éditions la Québécoise, [1964]. 61 p.

Simone et déroute : Roman. Cercle du Livre de France, [c 1963]. 211 p.

Trinôme : Poèmes. [par] Richard Pérusse, Jacques Brault [et] Claude Mathieu. Molinet, 1957. 57 p.

Vingt Petits Écrits; ou, Le Mirliton rococo. Éditions d'Orphée, 1960. 98 p.

MAURAULT, Olivier

Brièvetés. Carrier, 1928. 269 p.

Confidences. Fides, 1959. 165 p.

Par voies et par chemin de l'air : Les Amériques. Éditions des Dix, 1947. 271 p.

La Vie intellectuelle au temps de Garneau. [Imprimerie Populaire], 1945. 15 p.

> Gertrude Karch, comp. «Monseigneur Olivier Maurault, P.S.S.: Essai bibliographique.» École des bibliothécaires, Université de Montréal, 1938. [unpaged — sans pagination]. (Microfilm)

MAUREL, Charles (pseud.) voir Pouliot, Maria

MAXIME (pseud.) voir Fortier, Mme Taschereau

MAYRAND, Oswald

L'Apostolat du journalisme. [Fides], [1960]. 253 p.

Chants ultimes. Beauchemin, 1964. 86 p.

MAYRAND, Zéphirin

Souvenirs d'outre-mer. [n.p. — sans éditeur], 1912. 99 p.

MÉLANÇON, Claude

Par terre et par eau. 2ᵉ éd. Hull : L'Éclair, 1940. 187 p.

MÉLANÇON, Joseph-Marie (Lucien Rainier, pseud.)

Avec ma vie : Poèmes. Les Saisons mystiques, Les Stèles et médaillons, Le Chantier au bord du rêve. Le Devoir, 1931. 164 p.

Lucien Rainier. Textes choisis et présentés par Claude Lavergne. Fides, [1961]. 95 p.

> Olivier Durocher, pseud. *Lucien Rainier (abbé Joseph-Marie Mélançon): L'Homme et l'oeuvre.* Éditions du Lévrier, 1966. 345 p.
>
> Soeur M.-Henriette de Jésus, comp. «Bio-bibliographie de Monsieur l'abbé Joseph-Marie Mélançon.» Préface de Monsieur Casimir Hébert. [n.p. — sans éditeur], 1946. xviii + 53 p. (Microfilm)

MÉNARD, Jean

Les Myrtes. Beauchemin, 1963. 66 p.

Plages. Beauchemin, 1962. 63 p.

MERCIER, Marcel

Bibliographie de Louis Dantin. [St-Jérôme] : [Labelle], [1939]. 69 p.

MERCURE, Paul (pseud.) voir Châtillon, Pierre

MICHAUD, Guy (Durandal, pseud.)

Connaissance de la littérature : L'Oeuvre et ses techniques. Paris : Nizet, [1957]. 271 p.

Entre-deux. Beauchemin, 1958. 101 p.

Introduction à une science de la littérature. Avec la collaboration de Ernest Fraenckel. Istanbul : Pulhan Matbaasi, 1950. 272 p.

MICHAUD. Paul

Mon P'tit Frère. [Québec] : I.L.Q., [c 1960]. 158 p.

La Page blanche. [Québec] : I.L.Q., [1954]. 139 p.

Quelques Arpents de neige : Roman. Québec : I.L.Q., [c 1961]. 367 p.

MICHELET, Magali

Comme jadis ... : Lettres échangées d'une rive de l'océan à l'autre.
Action française, 1925. 270 p.

MICHON, Guy

Perds-moi encore. Éditions Nocturne, 1958. 53 p.

MILLICENT (pseud.) voir Leclerc, Amélie

MIRON, Gaston

Jacques Brault. *Miron le magnifique.* [Faculté des lettres de
l'Université de Montréal], [1966]. 44 p. [Conférences
J. A. de Sève, 6).

MOMBLEAU, Marie

A l'aube : Poèmes et dialogue. Bagotville : Éditions de l'Aube, [c 1966].
90 p.

MONARQUE, Georges

Blanche d'Héberville : Drame en cinq actes en vers. Action canadienne-
française, 1931. 167 p.

MONCTON, N.B. Séminaire Notre-Dame du Perpétuel-Secours, Classe
de Belles-Lettres et Rhétorique

Poèmes. Moncton : [n.p. — sans éditeur], 1962. 76 p.
La Route des étoiles. 2ᵉ éd. remaniée et augm. Moncton : [n.p. —
sans éditeur], 1963. 99 p.

MONDAT, Claire

Poupée : Roman. Éditions du Jour, [c 1963]. 139 p.

MONDOR, Jacques

Les Sanglots de la savane. [n.p. — sans éditeur], 1961. 135 p.

MONGE, Rose (Rose de Provence, pseud.)

*Coeur magnanime : Roman canadien; suivi de Une Oeuvre d'artiste,
Ame de prêtre, La Rançon et diverses poésies.* [n.p. — sans éditeur],
1908. 197 p.

MONGEAU, Yves

Les Naissances. Déom, [1967]. 89 p.
Veines. Déom, [1964]. 93 p.

MONIQUE (pseud.) voir Pépin, Alice

MONTIGNY, Jeanne de

Fernande. [Préface du R. P. Louis Lalande]. 3e éd. Le Devoir, 1938. 339 p.

MONTIGNY, Louvigny Testard de

Antoine Gérin-Lajoie. Toronto : Ryerson, [1925]. 130 p.

Au pays de Québec : Contes et images. Illustrations de Raymonde Gravel. Éditions Pascal, 1945. 325 p.

Les Boules de neige : Comédie en trois actes, précédée d'un lever de rideau «Je vous aime.» [Préface de l'auteur]. Déom, 1935. xxiv + 229 p.

Le Bouquet de Mélusine : Scènes de folklore représentées au Festival de Québec, mai 1928. Ordre de bon temps (1606), Mme de Repentigny et sa «manufacture» (1705), Forestiers et Voyageurs (1810). Carrier, 1928. 112 p.

Écrasons le perroquet : Divertissement philologique. Fides, 1948. 107 p.

L'Épi rouge et autres scènes du pays de Québec. Cercle du Livre de France, 1953. 285 p.

The Order of Good Cheer. Canadian Historical Ballad : Opera of the First Settlers in Canada. Reconstructed by J. Murray Gibbon. Toronto : Dent, [c 1929]. 30 p.

La Revanche de Marie Chapdelaine : Essai d'initiation à un chef-d'oeuvre inspiré du pays de Québec. Préface de Monsieur Raymond Brugère. Action canadienne-française, 1937. 210 p.

MONTPETIT, Édouard

Au service de la tradition française. Action française, 1920. 248 p.

D'azur à trois lys d'or. Action canadienne-française, [1937]. 144 p.

Le Front contre la vitre. Lévesque, 1936. 278 p.

Propos sur la montagne : Essais. Éditions de l'Arbre, 1946. 177 p.

Reflets d'Amérique. Valiquette, [n.d. — sans date]. 253 p.

Souvenirs. I. Éditions de l'Arbre, [1944]; II. Chantecler, [1949]; III. Thérien, [1955].

> Jeanne Blouin, comp. «Bio-bibliographie de Édouard Montpetit.» École de bibliothécaires de l'Université de Montréal, 1947. 12 p. (Microfilm)

MONTRÉAL, Collège Sainte-Marie

La Cascade: 55 Poèmes. Préface de Marcel Dubé. Éditions de la Cascade, Collège Sainte-Marie, 1955. 94 p.

MONTRÉAL. École Philippe-Aubert-de-Gaspé.

Recueil de poèmes. [n.p. — sans éditeur], 1966. 17 p.

MONTRÉAL, Université. Association Générale des Étudiants.

Essais philosophiques : Cahier réalisé par les étudiants de la Faculté de Philosophie. [Préface de Louis Lachance]. [A.G.E.U.M.], [n.d. — sans date]. 127 p. (Cahiers de l'AG.E.U.M., no. 9).

MONTREUIL, Gaétane de (pseud.) voir Gill, Mme Charles

MORAND, Florette

Feu de brousse : Poèmes. [Note de l'éditeur — Jacques Hébert]. Éditions du Jour, [1967]. 70 p.

MORENCY, Pierre

Poèmes de la froide merveille de vivre. Québec : Éditions de l'Arc, [1967]. 106 p.

MORICE, A. G.

Renée Beaulne, comp. «Bio-bibliographie du Rév. Père A. G. Morice, O.M.I.» Préface du R. P. L. R. Lafleur, O.M.I. [n.p. — sans éditeur], 1945. 46 p. (Microfilm)

MORIN, Claire (Claire France, pseud.)

Autour de toi Tristan : Roman. Paris : Flammarion, [1962]. 572 p.
Children in Love. Translated by Antonia White. London : Eyre & Spottiswoode, 1959. 167 p.
Les Enfants qui s'aiment : Roman. Beauchemin, 1956. 254 p.
Et le septième jour . . . : Roman. Beauchemin, [1958]. 300 p.

MORIN, Edgar

Puce. Québec : Éditions du Quartier Latin, [1949]. 226 p.

MORIN, Lorenzo

L'Arbre et l'homme. Couverture et illustrations de Jean Letarte. Beauchemin, [1962]. 109 p.
L'Il d'elle. Éditions de l'Hexagone, [1968]. 89 p.

MORIN, Paul

Géronte et son miroir. [Préfacette testamentaire de l'auteur]. Cercle du Livre de France, [c 1960]. 167 p.
Oeuvres poétiques : Le Paon d'émail [et] Poèmes de cendre et d'or. Texte établi et présenté par Jean-Paul Plante. Fides, [1961]. 305 p.
Le Paon d'émail. 2ᵉ éd. Paris : Lemerre, 1912. 166 p.
Paul Morin. Textes choisis et présentés par Jean-Paul Plante. Montréal et Paris : Fides, [1958]. 95 p.
Poèmes de cendre et d'or. Éditions du Dauphin, 1922. 280 p.

MORIN, Renée

Un Bourgeois d'une époque révolue : Victor Morin, notaire (1865-1960). Éditions du Jour, [1967]. 159 p.

MORIN, Victor

La Chanson française à travers les siècles : Revue historique de ses auteurs et de leurs interprètes, Operetta-dinner: A Gastronomico-Musical Fantasy in Two Acts. Toronto : University of Toronto Press, 1939. 56 p. + 30 p.

Trois Docteurs : É. Z. Massicotte, Aegidius Fauteux, J. B. Lagacé. Édition Intime, 1936. 70 p.

L'Utile et le futile. Valiquette, 1943. ix + 314 p.

> Hélène C. Beaudoin, comp. «Essai de bibliographie sur M. Victor Morin, N.P., Ll.d., président de la Société royale du Canada.» Université de Montréal, [1939]. 25 p. (Microfilm)
>
> Renée Morin. Un Bourgeois d'une époque révolue : Victor Morin, notaire (1865-1960). Éditions du Jour, [1967]. 159 p.

MORISSET, Gérard

Novembre 1775 : Nouvelle. Québec : [Charrier & Dugal], 1948. 109 p.

> Thérèse Albert, comp. «Bio-bibliographie de Monsieur Gérard Morisset.» École de bibliothécaires, 1950. 80 p. (Microfilm)

MORISSETTE, J. Ferd.

Le Fratracide : Roman canadien; suivi de Albertine et Frédéric : Nouvelle, Douleurs et larmes : Récit, Un Revenant : Légende. Senécal et fils, 1884. 189 p.

MULLER, Émile

Le Redoutable et Merveilleux Réel. Premier Cahier : Le Réel, La Solitude, Dieu. [Préface de l'auteur]. Bellarmin, 1965. 192 p.

NADEAU, Gabriel

La Fille du roy : Conte drolatique. Trois-Rivières : Bien Public, 1954. 103 p.

Louis Dantin : Sa Vie et son oeuvre. Manchester, N.H.. : Éditions Lafayette, [1948]. 252 p.

NADEAU, Jean

Bien vôtre : Roman. Cercle du Livre de France, [1968]. 158 p.

NADEAU, Maurice

L'Homme des tavernes. Introduction de Jacques Godbout. [Mouvement laïque de langue française], [1967]. 35 p.

NADEAU, Monic

Sanglots de rue. Éditions Nocturne, 1965. 74 p.

NANTEL, Adolphe

A la hache. Lévesque, 1932. 232 p.

Au pays des bûcherons. Illustrations de Louis Gagnon. Action canadienne-française, [1937, c 1932]. 186 p.

La Terre du huitième : Roman. Éditions de l'Arbre, [c 1942]. 190 p.

> Suzanne Laporte, comp. «Notes bio-bibliographiques sur Monsieur Adolphe Nantel, écrivain-journaliste.» [Préface de M. Pierre Laporte]. École de bibliothécaires, 1952. vi + 18 p. (Microfilm)

NANTEL, Antonin

Les Fleurs de la poésie canadienne : Religion et patrie. Beauchemin & Valois, 1869. 134 p.

Les Fleurs de la poésie canadienne. 4e éd. aug. Précédée d'une préface par l'abbé A. Nantel. Beauchemin, 1904. x + 255 p.

Les Fleurs de la poésie canadienne. 4e éd. aug. Précédée d'une préface par l'abbé A. Nantel. Beauchemin, 1911. x + 255 p.

Les Fleurs de la poésie canadienne. 4e éd. aug. Précédée d'une préface par l'abbé A. Nantel. Beauchemin, 1912. 236 p.

Pages historiques et littéraires. [Préface de l'abbé Élie-J. Auclair]. Arbour et Dupont, 1928. 431 p.

NARBONNE, Édouard

Esquisses poétiques. Sénécal, 1875. 225 p.

NARRACHE, Jean (pseud.) voir Coderre, Émile

NAUBERT, Yvette

Contes de la solitude. Cercle du Livre de France, [c 1967]. 146 p.

La Dormeuse éveillée : Roman. Cercle du Livre de France, [c 1965]. 184 p.

L'Été de la cigale. Cercle du Livre de France, [1968]. 209 p.

NEL, Jean

Le Crime d'un père : Roman canadien inédit. Illustrations de Maurice Gagnon. Garand, [c 1930]. 48 p.

L'Empoisonneur : Roman canadien inédit. Illustrations d'Albert Fournier. Garand, [c 1928]. 76 p.

La Flamme qui vacille : Roman canadien inédit. Illustrations d'Albert Fournier. Garand, [c 1930]. 48 p.

NELLIGAN, Émile

Émile Nelligan et son oeuvre. Préface par Louis Dantin. [Beauchemin], 1903. xxxiv + 164 p.

Émile Nelligan et son oeuvre. Préface par Louis Dantin. Garand, 1925. xxxix + 166 p.

Poèmes choisis. Présenté par Éloi de Grandmont et précédé d'une chronologie, d'une bibliographie et de jugements critiques. Fides, [1967, c 1966]. 166 p.

Poésies complètes, 1896-1899. Texte établi et annoté par Luc Lacourcière. [Introduction de Luc Lacourcière]. Fides, [1952]. 331 p.

Selected Poems. Translated into Engilsh by P. E. Widdows. [Introduction by the translator]. Toronto : Ryerson, [1960]. xv + 39 p.

> Thérèse Hallé, comp. «Bio-bibliographie d'Émile Nelligan.» École des bibliothécaires, 1943. 14 p. (Microfilm)
> Jean-Noël Samson, éd. *Émile Nelligan.* [Préface de Louis Dantin]. Fides, [c 1968]. 103 p. (Dossiers de documentation sur la littérature canadienne-française, 3).
> Paul Wyczynski. *Émile Nelligan.* Fides, [1968, c 1967]. 191 p.

NELSON, Wolfred

Élégie. Préface du Dr Eugène Prud'homme. [Imprimerie Modèle], 1932. 163 p.

NEMER, Guy (pseud.) voir Auger, Jacqueline

NEVERS, Edmond de

> Claude Galarneau. *Edmond de Nevers, essayiste: suivi de Textes choisis.* Québec : Presses Universitaires de Laval, 1959. 94 p.
> Luce Prud'homme, comp. «Notes bio-bibliographiques sur Monsieur Edmond de Nevers.» [n.p. — sans éditeur], [1949]. xv + 21 p. (Microfilm)
> R. Trudeau, comp. «Bibliographie d'Edmond de Nevers.» École de bibliothécaires, 1944. 22 p. (Microfilm)

NOLIN, Jean

Les Cailloux. Dessins de Henri Letondal. Le Devoir, 1919. 131 p.

O'LEARY, Dostaler

Le Roman canadien-français : Étude historique et critique. Cercle du Livre de France, [c 1954]. 195 p.

OLIER, Moïsette (pseud.) voir Garceau, Mme Corinne-P.

OLIGNY, Odette

Entre vous et moi. Totem, [1935]. 190 p.

ONCIN, Paule d'

Plympton House : Roman. Valiquette, [n.d. — sans date]. 209 p.

O'NEIL, Jean

Je voudrais te parler de Jérémiah, d'Ozélina et de tous les autres : Roman. H.M.H., 1967. 210 p.

O'NEIL, Louis-C.

Contes de Noël. 2ᵉ vol. Sherbrooke : Apostolat de la Presse, 1951. 151 p.

Grimaceries deuxièmes : Un Procès de nos travers. [Préface de Jean Dufresne]. Sherbrooke : Apostolat de la Presse, 1953. 240 p.

Types et caractères de chez nous. Vol. I. [Sherbrooke] : Apostolat de la Presse, [1954]. 220 p.

> Soeur Saint-Ignace-de-Loyola, comp. «Notice bio-bibliographique de Monsieur Louis-C. O'Neil.» [Lettre-préface du chanoine Gérard Cambon]. Université de Montréal : École de bibliothécaires, 1953. 41 p. (Microfilm)

ORMES, Renée Des (pseud.) voir Turgeon, Marie

ORSONNENS, Éraste voir D'Orsonnens, Éraste

OTTAWA, Université d'

Cahier de poésie, 1. [par] les étudiants de l'Université d'Ottawa. Ottawa : Coin du Livre, 1963. 61 p.

Cahier de poésie, 2. [par] les étudiants de l'Université d'Ottawa. Ottawa : Coin du Livre, 1964. 61 p.

OUELLETTE, Fernand

Ces Anges de sang. Éditions de l'Hexagone, [1955]. 30 p.

Dans le sombre; suivi de Le Poème et le poétique. Éditions de l'Hexagone, [1967]. 91 p.

Séquences de l'aile. Éditions de l'Hexagone, [1958]. 53 p.

Le Soleil sous la mort. Éditions de l'Hexagone, [1965]. 64 p.

OUELLETTE-MICHALSKI, Madeleine

Le Dôme. Éditions Utopiques, [1968]. 96 p.

OUVRARD, Hélène

Coeur sauvage : Roman. Éditions du Jour, [1967]. 167 p.

Le Fleur de peau : Roman. Éditions du Jour, [1965]. 194 p.

OUVRARD, René

Débâcle sur la Romaine :Roman. Fides, [1953]. 234 p.

La Fauve. [Préface de A. Couturier]. Beauchemin, 1961. 217 p.

Le Mage de Chandernago. Couvertures et illustrations de Georges Landa. Beauchemin, 1960. 126 p.

La Veuve : Roman. Chantecler, 1955. 280 p.

PAGÉ, Pierre

Anne Hébert. Fides, [c 1965]. 189 p.

PAGEAU, René

Pays intérieur. Quatre dessins originaux de Max Boucher. [Joliette] : [L'auteur], [1967]. 146 p.

Solitude des îles. Illustré par Bruno Hébert. Éditions de l'Atelier, [c 1964]. 77 p.

PALLASCIO-MORIN, Ernest

Autopsie du secret. [Préface de Charles-Marie Boissonault]. Québec : Garneau, [1964]. 78 p.

Brentwick : Roman. [Imprimerie Populaire], [c 1940]. 193 p.

Clair-obscur. Illustrations de L. Jacques Beaulieu. Valiquette, [1939]. 148 p.

Demain tu n'auras plus un instant. Holt, Rinehart et Winston, 1967. 60 p.

L'Heure intemporelle. Québec : Garneau, [1965]. 103 p.

Je vous ai tant aimée. Ottawa : Éditions du Lévrier, [n.d. — sans date]. 208 p.

La Louve : Roman. [2ᵉ éd.]. [Ottawa] : I.L.Q., [1954, c 1952]. 150 p.

Marie, mon amour. [Préface de Roger Brien]. Québec : I.L.Q., [1954]. 161 p.

Pleins feux sur l'homme. Déom, [1963]. 65 p.

Pour les enfants du monde. [Préface de Mme Suzanne P. Goyette]. Illustrations : Anne Letellier. Québec : Garneau, [1968]. 130 p.

Rumeurs, choses vécues. Beauchemin, 1960. 219 p.

Sentiers fleuris, livres ouverts. Beauchemin, [1959]. 75 p.

Vallandes. [Québec] : Garneau, [1966]. 145 p.

Le Vertige du dégoût. Éditions de l'Homme, [1961]. [unpaged — sans pagination].

> Rhéal-A. Roy, comp. «Ernest Pallascio-Morin : Essai de bio-bibliographie.» Préface de Jean Dufresne. École de bibliothécaires, Université de Montréal, 1945. x + 91 p. (Microfilm)

PALMIERI (pseud.) voir Archambault, Sergius

PANNETON, Auguste (Sylvain, pseud.)

Au fil de l'eau. Dessins de Louise René de Cotret-Panneton. [Trois-Rivières] : [Bien Public], [1959]. 68 p.

Dans le bois. Fides, 1946. 164 p.

En flânant dans les portages. Trois-Rivières : [n.p. — sans éditeur], 1934. 69 p.

Horizons mauriciens. Trois-Rivières : Bien Public, 1962. 135 p.

Mariette Lyonnais, comp. «Notes bio-bibliographiques sur Monsieur le docteur Auguste Panneton, chirurgien en chef du service d'oto-rhino-laryngologie de l'Hôpital Saint-Joseph des Trois-Rivières.» École de bibliothécaires, 1949. xvi + 8 p. (Microfilm)

PANNETON, Philippe (Ringuet, pseud.)

L'Amiral et le facteur; ou, Comment l'Amérique ne fut pas découverte. Dussault, [1954]. 206 p.

Confidences. [Avant-propos de France Panneton]. Fides, [1965]. 198 p.

Fausse Monnaie. 2ᵉ éd. Variétés, [1947]. 236 p.

L'Héritage et autres contes. Variétés, [1946]. 180 p.

Littératures à la manière de . . . Henri Bourassa, René Chopin, Valdombre [et al.]. [par] Louis Francoeur [et] Philippe Panneton. [Préface des auteurs]. 3ᵉ éd. Variétés, [n.d. — sans date]. 114 p.

Le Poids du jour : Roman. Variétés, [c 1949]. 410 p.

Thirty Acres. Translated by Felix and Dorothea Walter. New York : Macmillan, 1940. 324 p.

30 Arpents : Roman. Paris : Flammarion, [1946, c 1938]. 292 p.

Françoise Magnan, comp. «Bio-bibliographie du Docteur Philippe Panneton.» Préface de M. Philippe Beaudoin. [n.p. — sans éditeur], 1942. xvi + 81 p. (Microfilm)

PAQUIN, Elzéar

Riel : Tragédie en quatre actes. Beauchemin et fils, [c 1886]. 143 p.

PAQUIN, Ubald

Les Caprices du coeur : Roman canadien inédit. Illustrations d'Albert Fournier. Garand, [c 1927]. 56 p.

La Cité dans les fers : Roman canadien inédit. Illustrations d'Albert Fournier. Garand, [c 1926]. 72 p.

La Digue dorée : Roman des quatre. [par] Ubald Paquin, Alexandre Huot, Jean Féron, Jules Larivière. Illustrations d'Albert Fournier. Garand, [c 1927]. 80 p.

Jules Faubert : Le Roi du papier : Roman. Bisaillon, 1923. 165 p.

Le Lutteur : Roman canadien inédit. Illustrations d'Albert Fournier. Garand, [c 1927]. 68 p.

Le Massacre dans le temple : Roman canadien inédit. Illustrations d'Albert Fournier. Garand, [c 1928]. 56 p.

Le Mirage : Roman canadien inédit. Illustrations d'Albert Fournier. Garand, [c 1930]. 56 p.

Le Mort qu'on venge : Roman canadien inédit. Illustrations d'Albert Fournier. Garand, [c 1926]. 72 p.

La Mystérieuse Inconnue : Roman canadien inédit. Illustrations d'Albert Fournier. Garand, [c 1929]. 48 p.

Oeil pour oeil : Récit de Sydney Jones : Roman. Garand, [n.d. — sans date]. 51 p.

La Rançon : Roman canadien inédit. Illustrations de Louis Ramaout. Garand, [c 1943]. 48 p.

PARADIS, J. Gaudiose

Feuilles de journal : Souvenirs d'un médecin de campagne. Québec : Tremblay, 1923. 151 p.

PARADIS, Louis-Roland

Carcinome. Drummondville : Éditions de l'Axe, 1963. 70 p.

Les Oiseaux d'argile. Beauchemin, 1961. 168 p.

Parallèle charnel. Drummondville : Éditions de l'Axe, [c 1964]. 43 p.

Sentence le 21 ... : Roman. Beauchemin, 1958. 187 p.

Silhouette d'un courant marin. Trois-Rivières : Bien Public, 1968. 83 p.

PARADIS, Suzanne

A temps, le bonheur ... : Poèmes. [Beaumont], [1960]. 116 p.

La Chasse aux autres : Poèmes. [Trois-Rivières] : Bien Public, 1961. 106 p.

Les Cormorans. [Québec] : Garneau, [1968 c 1967]. 243 p.

Les Enfants continuels : Poèmes. [Bellechasse] : [L'auteur], [1959]. 68 p.

Femme fictive, femme réelle : Le Personnage féminin dans le roman canadien-français, 1884-1966. Québec : Garneau, [1966]. 330 p.

François-les-oiseaux. [Québec] : [Garneau], [1967]. 161 p.

Les Hauts Cris : Roman. [Paris] : Diaspora française, [1960]. 174 p.

Il ne faut pas sauver les hommes : Roman. [Québec] : Garneau, [1961]. 185 p.

La Malebête : Poèmes. Québec : Garneau, [n.d. — sans date]. 94 p.

L'Oeuvre de pierre : Poème. Québec : Garneau, 1968. 72 p.

Pour les enfants des morts : Poèmes. Québec : Garneau, [1964]. 147 p.

Le Visage offensé. Québec : Garneau, [1966]. 176 p.

PARENT, Charles

Histoire de la littérature canadienne-française. [par] Gérard Bessette, Lucien Geslin et Charles Parent. Centre éducatif et culturel, 1968. 704 p.

PARENT, Étienne

Discours. Québec : L. Brousseau, 1878. 213 p.

      Paul Eugène Gosselin. *Étienne Parent.* Fides, [c 1964]. 96 p.

PARENT, Guy-Édouard

Sous le règne des bruiteurs. Éditions du Lys, [c 1963]. 191 p.

PARIZEAU, Alice

Fuir : Roman. Déom, [1963]. 271 p.
Une Québécoise en Europe "rouge." Fides, [1965]. 114 p.
Rue Sherbrooke ouest. Cercle du Livre de France, [c 1967]. 188 p.
Survivre. Cercle du Livre de France, [c 1964]. 315 p.
Voyage en Pologne. Éditions du Jour, [1962]. 155 p.

PATRY, André

Visages d'André Malraux : Les Voix. Éditions de l'Hexagone, [1956].
39 p.

PAUL-CROUZET, Jeanne voir Benaben, Jeanne Paul-Crouzet

PÉLADEAU, Paul

On disait en France. Préface d'Édouard Montpetit. Variétés, 1941.
238 p.

PELLERIN, Jean

Le Calepin du diable : Fables et ineffables. [Préface de l'auteur].
Éditions du Jour, [1965]. 125 p.
Le Canada; ou, L'Éternel Commencement. [Tournai] : Casterman,
1967. 226 p.
*Le Combat des élus : Allégorie en trois tableaux et un prologue sur la
vie du bon père Frédéric Apôtre de Notre-Dame du Cap.* [Préface
de Émile Legault]. Trois-Rivières : Éditions du Nouvelliste, 1950.
102 p.
Le Diable par la queue : Roman. Cercle du Livre de France, [c 1957].
253 p.
La Jungle du journalisme. Collection du C.E.P., [1967]. 182 p.
Un Soir d'hiver : Roman. Cercle du Livre de France, [c 1963]. 217 p.

      Françoise Demers, comp. «Essai bio-bibliographique de
l'oeuvre de Jean Pellerin.» Trois-Rivières : [n.p. — sans
éditeur], 1951. v + 61 p.

PELLETIER, Aimé (Bertrand Vac, pseud.)

Deux portes ... Une Adresse : Roman. [Préface du R. P. A. Lamarche].
Cercle du Livre de France, 1952. 240 p.

La Favorite et le conquérant : Roman. Cercle du Livre de France, [1963]. 397 p.

Histoires galantes. Cercle du Livre de France, [1965]. 194 p.

Louise Genest. Cercle du Livre de France, 1950. 231 p.

Mes Pensées «profondes.» Cercle du Livre de France, [c 1967]. 124 p.

Saint-Pépin, P.Q. : Roman. Cercle du Livre de France, 1955. 272 p.

PELLETIER, Albert

Carquois. Action canadienne-française, 1931. 217 p.

Égrappages. Lévesque, 1933. 234 p.

PELLETIER, Antonio

Coeurs et homme de coeur. Illustrations par la mère de l'auteur. Dumont, 1903. 197 p.

PELLETIER, Georges (Paul Dulac, pseud.)

Silhouettes d'aujourd'hui. Le Devoir, 1926. 166 p.

PELLETIER, Georgette

Plaisir d'amour : Poèmes. Éditions Nocturne, 1957. 60 p.

PELLETIER, Joseph

La Gerbée. [n.p. — sans éditeur], 1946. 237 p.

Quinze Jours chez les colons du nord. Diffusion du Livre, 1942-44. 126 p.

PELLETIER, Oscar Charles

Mémoires, souvenirs de famille et récits. Québec : [n.p. — sans éditeur], 1940. 396 p.

PELLETIER-DLAMINI, Louis

Pomme-di-Pin. Préface de Germaine Guèvremont. Éditions de l'Homme, [c 1968]. 134 p.

PÉLOQUIN, Claude

Calorifère. Graphismes : Pierre Cornellier, Serge Lemoyne, Reynald Connolly. [Longueuil] : [Presses Sociales], [c 1965]. [unpaged — sans pagination].

Les Essais rouges. Longueuil : Alouette, 1964. 70 p.

Jéricho : Poèmes. [Longueuil] : Alouette, [n.d. — sans date]. 32 p.

Manifeste Infra; suivi des Émissions parallèles. Éditions de l'Hexagone, [1967]. 77 p.

Manifeste subsiste. [n.p. — sans éditeur], 1965. 12 p.

Les Mondes assujettis. [Quatre encres originales de Reynald Connolly]. Collections Métropolitaine, [1965]. [unpaged — sans pagination].

PÉPIN, Alice (Monique, pseud.)

Brins d'herbe. [Préface de Léon Lorrain]. Le Devoir, 1920. 137 p.

L'Heure est venue : Pièce en un acte. Le Devoir, 1923. 141 p.

PERRAULT, Joseph-François

Marie Elizabeth Leyland. *Joseph-François Perrault : Années de jeunesse, 1753-1783.* Québec : Presses Universitaires Laval, 1959. 76 p.

Honoré Perreault, comp. «Essai de bibliographie, de Joseph-François Perrault, protonotaire.» [Préface de Jos. Brunet]. École de bibliothécaires de l'Université de Montréal, 1950. 77 p. (Microfilm)

PERRAULT, Pierre

Au coeur de la rose : Pièce en trois actes — deuxième version. Illustrations de Claude Sabourin. [Préface de l'auteur]. Beauchemin, 1964. 125 p.

Ballades du temps précieux : Poèmes. Dessins : Anne Treze. Éditions d'Essai, 1965. [unpaged — sans pagination].

Portulan. Beauchemin, 1961. 107 p.

Le Règne du jour. [par] Pierre Perrault, Bernard Gosselin, Yves Leduc. Lidec, [1968]. 161 p.

Toutes Îles : Chroniques de terre et de mer. Fides, [1963]. 189 p.

PERRIER, Luc

Du temps que j'aime. Éditions de l'Hexagone, 1963. [unpaged — sans pagination].

PÉRUSSE, Richard

Trinôme: Poèmes. [par] Richard Pérusse, Jacques Brault [et] Claude Mathieu. Molinet, 1957. 57 p.

PETEL, Pierre

Aie ! aie ! aie ! Éditions à la Page, [1962]. [unpaged — sans pagination].

PETIT, Léon

Fragments : Poèmes. Éditions de l'Aube, [1960]. 39 p.

PÉTRIN, Léa

Tuez le traducteur : Essai humoristique. Déom, [1961]. 211 p.

PETROWSKI, Minou

Le Gaffeur : Nouvelles. Beauchemin, [1963]. 104 p.

Le Passage. Cercle du Livre de France, [c 1966]. 141 p.

PHELPS, Anthony

Points cardinaux. Holt, Rinehart et Winston, [1966]. 60 p.

PIAZZA, François

Les Chants de l'Amérique : Poèmes. Longueuil : Image et Verbe, Éditions le Crible, [1965]. 28 p.

L'Identification : Poèmes. Longueuil : Éditions le Crible, 1966. 50 p.

PICHÉ, Alphonse

Ballades de la petite extrace. Dessins d'Aline Piché. [Préface de Clément Marchand]. Pilon, [n.d. — sans date]. 99 p.

Poèmes, Ballades de la petite extrace — Remous — Voie d'eau. [Trois-Rivières] : Bien Public, [1966]. 106 p.

Remous : Poèmes. Pilon, [n.d. — sans date]. 78 p.

PIERCE, Lorne

An Outline of Canadian Literature French and English. [Foreword by the author]. Toronto : Ryerson, 1927. 251 p.

PILON, Jean Guy

Les Cloîtres de l'été. [Avant-propos de René Char]. Éditions de l'Hexagone, [1954]. 30 p.

L'Homme et le jour. Éditions de l'Hexagone, [1957]. 53 p.

La Mouette et le large. Éditions de l'Hexagone, [1960]. 70 p.

Poésie canadienne-française. [Présentation de Gilles Marcotte]. [Paris] : [Mercure de France], [1958]. 176 p.

Poetry 62. Edited by Eli Mandel and Jean-Guy Pilon. Toronto : Ryerson, [1961]. 116 p.

Pour saluer une ville. Paris : Seghers, [1963]. 74 p.

Recours au pays. Illustrations de Liliane Goulet. Éditions de l'Hexagone, [1961]. 13 p.

Solange : Récit. Éditions du Jour, [1966]. 123 p.

PINSONNEAULT, Jean-Paul

Les Abîmes de l'aube : Roman. Beauchemin, 1962. 174 p.

Jérôme Aquin. Beauchemin, 1960. 210 p.

Le Mauvais Pain. Montréal et Paris : Fides, [1958]. 113 p.

Terre d'aube. Fides, 1967. 165 p.

Les Terres sèches : Roman. Beauchemin, 1964. 305 p.

PINTAL, Marie-Nille

Mission de femme : Étude psychologique sous forme de roman. Lumen, 1945. 200 p.

PION, J. Wilfrid

Un Bel Amour. [Lafontaine], 1944. 311 p.

Ce que peut l'amour : Roman de moeurs canadiennes. L'auteur, [1943].
345 p.

La «Championne» : Roman de moeurs canadiennes. Éditions modèles,
[n.d. — sans date]. 271 p.

Un Trésor malgré tout : Roman de moeurs canadiennes. L'auteur,
[n.d. — sans date]. 160 p.

PLANTE, Gérard

Essais poétiques. [Préface de M. Guy Boulizon]. Beauchemin, [1959].
62 p.

PLOUR, Guy-René de (pseud.) voir Grenier, Armand

POIRIER, Jean-Marie

Le Prix du souvenir : Roman. Cercle du Livre de France, [c 1957].
309 p.

POIRIER, Joseph Delvida

Hymne à la vie. Éditions de la pensée canadienne, 1944. 108 p.

> Gisèle Dufort, comp. «Notes bibliographiques sur Joseph
> Delvida Poirier.» École des bibliothécaires, 1948. 50 p.
> (Microfilm)

POIRIER, Joseph-Émile

Les Arpents de neige : Roman canadien. Avec une préface de M.
Adjutor Rivard. Paris : Nouvelle librairie nationale, 1909. xii +
368 p.

La Tempête sur le fleuve : Roman historique canadien. Paris : Tal-
landier, [c 1931]. 254 p.

POISSON, Modeste Jules Adolphe

Chants canadiens à l'occasion du 24 juin 1880. Québec : Delisle, 1880.
78 p.

Chants du soir. Arthabasca : L'Union, [n.d. — sans date]. 224 p.

Heures perdues : Poésies. Québec : Côté, 1894. viii + 256 p.

Sous les pins. Illustrations par Henri Julien. Beauchemin, 1902. vii
+338 p.

> Madeleine Le Bel, comp. «Essai de bio-bibliographie : Adol-
> phe Poisson, poète.» Préface par Alphonse Désilets. École
> de bibliothécaires, 1951. 80 p. (Microfilm)

PONTAUT, Alain

La Tutelle. Leméac, [1968]. 141 p.

PORTAL, Marcel (pseud.) voir Lapointe, Marcel

POTVIN, Berthe (Geneviève de Francheville, pseud.)

Le Calvaire de Monique : Roman. Fides, [1953]. 150 p.

Le Mirage : Roman. Beauchemin, 1961. 242 p.

Sous l'avalanche. Sherbrooke : Apostolat de la Presse, [n.d. — sans date]. 223 p.

Trahison :Roman. [Préface de l'auteur]. [n.p. — sans éditeur], [n.d. — sans date]. 203 p.

> Jayne Favreau, comp. «Bio-bibliographie de Geneviève de Francheville.» [n.p. — sans éditeur], 1952. 38 p. (Microfilm)

POTVIN, Damase

Un Ancien contait . . . . [Préface d'Henri Pourrat]. Valiquette, [n.d. — sans date]. xi + 172 p.

L'Appel de la terre : Roman de moeurs canadiennes. Préface de Léon Lorrain. Québec : L'Événement, 1919. vi + 186 p.

Aux fenêtres du parlement de Québec : Histoire, traditions, coutumes, usages, procédures, souvenirs, anecdotes, commissions et autres organismes. (Treize gravures hors texte). Québec : Éditions de la Tour de Pierre, 1942. 337 p.

La Baie : Récit d'un vieux colon canadien-français. Garand, 1925. 90 p.

La «Dame française» du duc de Kent : Récits historiques canadiens. Québec : Garneau, 1948. 140 p.

Le Français : Roman paysan du pays de Québec. [Préface de l'auteur]. Garand, 1925. x + 346 p.

Les Îlets-Jérémie : Histoire d'une ancienne mission du domaine du roi [et] Louis Jobin : Sculpteur sur bois. Québec : Édition du Terroir 1928. 93 p.

Le «Membre» : Roman de moeurs politiques québécoises. Québec : L'Événement, 1916. 157 p.

Puyjalon : Le Solitaire de l'Île-à-la-Chasse. Préface de L. A. Richard. Québec : [n.p. — sans éditeur], 1938. xix + 168 p.

Restons chez nous ! Roman canadien. Québec : Guy, Librairie française, [c 1908]. 243 p.

La Rivière-à-Mars : Roman. Totem, [1934]. 222 p.

La Robe noire : Récits des temps héroïques où fut fondée la Nouvelle-France. Lille : Le Mercure universel, [1932]. 236 p.

Le Roi du golfe : Le Dr P. É. Fortin, ancien commandant de la «Canadienne.» Québec : Éditions du Quartier Latin, [1952]. 181 p.

Le Roman d'un roman : Louis Hémon à Péribonka. Québec : Éditions du Quartier Latin, [n.d. — sans date]. 191 p.

Le Saint-Laurent et ses îles : Histoire, légendes, anecdotes, description, topographie. Éd. rev. et corr. Québec : Garneau, 1945. 425 p.

Sous le signe du quartz : Histoire romancée des mines du nord-ouest de Québec. 2ᵉ éd. Valiquette, 1942. 262 p.

Sur la grand'route : Nouvelles, contes et croquis. Québec : L'auteur, 1927. 215 p.

Thomas, le dernier de nos coureurs de bois. Préface par l'honorable M. L.-A. Taschereau. Québec : Garneau, 1945. 272 p.

> Émilienne Shaffer, comp. «Bio-bibliographie de Damase Potvin.» [n.p. — sans éditeur], 1941. 62 p. (Microfilm)

POULIN, Gonzalve

> Gaston Blanchet, comp. «Bibliographie du R. P. Gonzalve Poulin, · O.F.M.» École de bibliothécaires, 1946. 76 p. (Microfilm)

POULIN, Jacques

Mon Cheval pour un royaume : Roman. Éditions du Jour, [c 1967]. 130 p.

POULIN, Sabine

Vernissage. Dessins de l'auteur. Québec : Éditions de l'Acropole, 1961. 101 p.

POULIOT, Louise

Portes sur la mer. Éditions de l'Hexagone, [1956]. [unpaged — sans pagination].

POULIOT, Maria (Charles Maurel, pseud.)

Légendes légères. Ottawa : Éditions du Lévrier, [n.d. — sans date]. 187 p.

POUPART, Jean-Marie

Angoisse play : Roman. Éditions du Jour, [1968]. 110 p.

PRÉFONTAINE, Yves

L'Antre du poème. [Trois-Rivières] : Bien Public, [n.d. — sans date]. 87 p.

Boréal. Éditions d'Orphée, [1957]. 102 p.

Boréal. Éd. corr. par l'auteur et comprenant un poème inédit. Estérel, [1967]. 42 p.

Pays sans parole. Éditions de l'Hexagone, [1967]. 77 p.

Les Temples effondrés. Éditions d'Orphée, [1957]. 77 p.

PRÉVOST, Arthur

Les Contes de Sorel. Sorel : Éditions Princeps, 1943. 206 p.

La Lignée : Essai sur une historiette paysanne. Sorel : Éditions Princeps, 1941. 71 p.

3 Actes en une soirée : Qu'est-ce que ça veut dire ? Trouvez un titre, Jouez-moi ça. Éditions Princeps, [c 1962]. 123 p.

PRÉVOST, Claude
Après-souffle : Poèmes. Éditions du Vulcan, 1965. 13 p.

PRÉVOST, Robert
Que sont-ils devenus ? Éditions Princeps, 1939. 123 p.

PRIMEAU, Marguerite A.
Dans le muskeg : Roman. Fides, [c 1960]. 222 p.

PRONOVOST, André-F.
Eldorado. Phénix, 1964. 52 p.

PROULX, Antonin
Le Coeur est le maître. Garand, [c 1930]. 347 p.

PROULX, Daniel
Pactes. Déom, [1968]. 75 p.

PROULX, Gustave
Chambre à louer : Roman. Québec : I.L.Q., [c 1951]. 199 p.

PROULX, Jean-Baptiste
A Rome pour la troisième fois; ou, Journal de voyage, 1891-1892. [Préface de J. G. Payette] Joliette : Imprimerie du Bon combat, 1893. 223 p.
En Europe, par ci par là. [Préface de F. A. Baillairgé, J.-B. Proulx, et J. G. Payette]. Joliette : L'Étudiant, 1891. 292 p.

> Yolande Chartier, comp. «Essai de bio-bibliographie : Monsieur l'abbé Jean-Baptiste Proulx.» Préface de Soeur Marie-Ernestine. Sherbrooke : [n.p. — sans éditeur], 1952. xvii + 57 p.

PROULX, Luce
Soleil brûlé. Québec : Garneau, [1968]. 62 p.

PROVENÇAL, François (pseud.) voir Charbonnier, Félix

PRUD'HOMME, Eustache
Les Martyrs de la foi en Canada : Concours de poésie de 1868 à l'Université Laval. [Préface d'Albert Savignac]. Thérien, 1928. 81 p.

QUESNEL, Joseph

Lucienne Laperrière, comp. «Bio-bibliographie de Joseph Quesnel, Le Père des amours.» Préface de M. Eugène Lapierre. [n.p. — sans éditeur], 1943. 43 p. (Microfilm)

RABY, Raymond

Tangara : Poèmes. Éditions du Cri, [c 1966]. [unpaged — sans pagination].

RACINE, Gérard (Michel Aubier, pseud.)

Au grand soleil de l'avenir : Poème. [Préface de Antonin Lamarche]. Beauchemin, 1958. 78 p.

Tragédie à Springhill : Poème. Beauchemin, [c 1960]. 74 p.

RACINE, Luc

Les Dormeurs. Estérel, [1966]. 144 p.

RAÎCHE, Joseph-Fidèle

Miettes de pain. Totem, [1935]. 106 p.

Madame M.-A. Lacoursière, comp. «Bio-bibliographie de M. l'abbé Joseph-Fidèle Raîche.» Préface de Rt Rév. Msgr. Patrick J. Nicholson, Ph.D., Président St-François Xavier University, Antigonish, Nova Scotia et Hon. J. A. Brillant, conseiller législatif. École des bibliothécaires, Université de Montréal, 1946. xv + 28 p. (Microfilm)

RAINIER, Lucien (pseud.) voir Mélançon, Joseph-Marie

RAINVILLE, Paul

Tibi. [Beauceville] : [L'Éclaireur], [1935]. 265 p.

RAYMOND, Marcel

Thérèse Leclerc, comp. «Bio-bibliographie de M. Marcel Raymond.» Préface de Jacques Rousseau. École des bibliothécaires, Université de Montréal, 1945. xviii + 19 p. (Microfilm)

RÉGNIER, Michel

Génération : Poèmes. Québec : Éditions de l'Arc, [1964]. 105 p.

Les Noces dures. Déom, [1968]. 89 p.

REID, Ghislaine

Il vit en face. [Illustrations de l'auteur]. Beauchemin, 1951. 213 p.

RÉMILLARD, Jean-Robert

Sonnets archaïques pour ceux qui verront l'indépendance; suivi de Complaintes du pays des porteurs d'eau. Parti Pris, [1966]. 61 p.

RENAUD, André
Le Roman canadien-français du vingtième siècle. [par] Réjean Robidoux et André Renaud. Ottawa : L'Université d'Ottawa, 1966. 221 p.

RENAUD, Charles
L'Imprévisible Monsieur Houde. Éditions de l'Homme, [c 1964]. 146 p.

RENAUD, Jacques
Le Cassé. Parti Pris, [1964]. 126 p.
Électrodes : Poèmes. Éditions Atys, 1962. [unpaged — sans pagi-
nation].

RICHARD, Jean-Jules
Le Feu dans l'amiante : Roman. L'auteur, [c 1956]. 287 p.
Journal d'un hobo : L'Air est bon à manger : Roman. Parti Pris,
[1965]. 292 p.
Neuf Jours de haine : Roman. Éditions de l'Arbre, [c 1948]. 352 p.
Ville Rouge : Nouvelles. Éditions Tranquille, [n.d. — sans date]. 283 p.

RICHER, Julia
Léo-Paul Desrosiers. Fides, [c 1966]. 190 p.

RICHER, Monique
Aurore : Poèmes. Éditions Nocturne, 1963. 45 p.

RIEL, Louis
Qui a tué Pierre Lauzon ? Roman canadien inédit. Illustrations de
E. Gauvreau. Garand, [c 1943]. 50 p.

RIEL, Louis David
Poésies religieuses et politiques. L'Étendard, 1886. 51 p.

RIÈSE, Laure
L'Ame de la poésie canadienne-française. Selected, edited and with
biographical notes by Laure Rièse. Toronto : Macmillan, 1955.
263 p.

RINFRET, Fernand
Pensées et souvenirs. Beauchemin, [1942]. 165 p.

Renée Geoffrion, comp. «Notes bio-bibliographiques sur l'Honorable Fernand Rinfret, politicien, orateur et écrivain.»
École de bibliothécaires, 1952. iv + 10 p. (Microfilm)

RINGUET (pseud.) voir Panneton, Philippe

148

RIVARD, Adjutor

Chez nos gens. 3ᵉ éd. Action française, 1923. 93 p.

Chez nous. Québec : L'Action sociale catholique, 1914. 145 p.

Chez nous (Our Old Quebec Home). Translated by W. H. Blake; decorations by A. Y. Jackson. Toronto : McClelland & Stewart, [c 1924]. 201 p.

Contes et propos divers. Québec : Garneau, 1944. 246 p.

Lucien Papillon, comp. «Bio-bibliographie de Maître Adjutor Rivard, c.r. : Avocat professeur, juge de la Cour d'Appel.» [Préface de Hervé Roy]. École de bibliothécaires, 1949. vi + 77 p. (Microfilm)

RIVEREINE, Lucien (pseud.) voir Achard, Eugène

RIVEST, Eugène

Roman d'un curé de campagne. Éditions de la Vallée, 1963. [unpaged — sans pagination].

RIVEST, Jeanne Desjardins

Les Fous de l'île heureuse : Roman. [I.L.Q.], [c 1952]. 188 p.

RIVIÈRE, Lucille

Miki : Roman. Lopas, [n.d. — sans date]. 205 p.

ROBERGE, Zénon

Avec rimes et raisons. Trois-Rivières : [n.p. — sans éditeur], 1961. 46 p.

Par delà mots et rimes. Sherbrooke : [n.p. — sans éditeur], [n.d. — sans date]. 70 p.

ROBERT, Georges-André

Les Chacals sont par ici. Paris : Karolus, 1963. 261 p.

ROBERT, Guy

Broussailles givrées. Goglin, [1959]. 71 p.

Connaissance nouvelle de l'art : Approche esthétique de l'expérience artistique contemporaine. [Liminaire de René Huyghe]. Déom, [1963]. 270 p.

École de Montréal : Situation et tendances/Situations and Trends. [Centre de Psychologie et de Pédagogie], [c 1964]. 150 p.

Et le soleil a chaviré. Déom, [1963]. 55 p.

Littérature du Québec T. 1 : Témoignages de 17 poètes. Déom, [1964]. 333 p.

Une Mémoire déjà : Poèmes, 1959-1967. Québec : Garneau, [1968]. 99 p.

Pellan : Sa Vie et son oeuvre/His Life and his Art. [Traduction anglaise, George Lach]. Centre de Psychologie et de Pédagogie, [c 1963]. 133 p.

La Poétique du songe : Introduction à l'oeuvre d'Anne Hébert, A.G.E. U.M., [c 1962]. 125 p. (Cahier no. 4 de l'A.G.E.U.M.).

ROBIDOUX, Louis Philippe

Feuilles volantes. [Préface de l'auteur]. Sherbrooke : La Tribune, 1949. xiv + 234 p.

Lueurs de la littérature —Des écrivains. [Sherbrooke] : La Tribune, 1951. 200 p.

ROBIDOUX, Normand

Confidences. [Dior], [n.d. — sans date]. 95 p.

Hippie de coeur. [Électra], [c 1968]. 124 p.

ROBIDOUX, Réjean

Le Roman canadien-français du vingtième siècle. [par] Réjean Robidoux et André Renaud. Ottawa : L'Université d'Ottawa, 1966. 221 p.

ROBILLARD, Claude

Dilettante. Lévesque, 1931. 180 p.

ROBILLARD, Edmond

L'Unicorne : Tragédie en cinq actes. Cercle du Livre de France, [1967]. 93 p.

ROBILLARD, Hyacinthe-Marie

Blanc et noir. Éditions du Lévrier, 1963. 96 p.

ROBITAILLE, Aline

Gilles Vigneault. [Préface de Gérard Bergeron]. Éditions de l'Hexagone, [1968]. 148 p.

ROCHEFORT, Azilia

Les Fantômes blancs : Roman canadien inédit de cape et d'épée. Illustrations de S. Lefebvre et de A. Fournier. Garand, [c 1923]. 100 p.

ROLLAND, Roger

Poésie et versification : Essai sur la liberté du vers. Fides, 1949. 189 p.

ROQUEBRUNE, Robert de voir La Roque de Roquebrune, Robert

ROSCOLPA, Claire

La Guerre à la guerre; ou, Le Triomphe de la paix universelle. [Lettre-préface de R.-H. Tessier]. Collinet, 1935. xi + 174 p.

ROSE DE PROVENCE (pseud.) voir Monge, Rose

ROUQUETTE, Louis Frédéric

La Bête bleue; suivi de La Grand'route du Pôle. [Préfaces de Claude Farrère]. Paris : Ferenczi & fils, [1928]. 258 p.

La Bête errante : Roman vécu du grand nord canadien. Illustrations de P. Durand. [Paris] : Hachette, [1953, c 1923]. 254 p.

ROUSSAN, Jacques de

Éternités humaines. Déom, [1963]. 51 p.

Mes Anges sont des diables. [Préface du Père Ambroise Lafortune]. Éditions de l'Homme, [1961]. 126 p.

Paradoxes : Essais. Éditions à la Page, [1962]. 148 p.

Pénultièmes. Éditions à la Page, [1964]. 112 p.

Le Pouvoir de vivre. Avec 3 bois originaux de Janine Leroux-Guillaume. Éditions Atys, [n.d. — sans date]. 44 p.

ROUSSEAU, Alfred

Autour d'un mystère : Roman canadien inédit. Illustrations de C. Trudel. Garand, [c 1944]. 48 p.

Les Roux : Histoire manitobaine. Cadillac, Sask. : L'auteur, 1932. 202 p.

ROUSSEAU, Berthe voir Hamelin-Rousseau, Berthe

ROUSSEAU, Edmond

Le Château de Beaumanoir : Roman canadien. [Préface de l'auteur]. Lévis : Mercier, 1886. vii + 276 p.

Deux Récits : A Carillon, Dans un yacht. 2ᵉ éd. Québec : Charrier & Dugal, [c 1903]. 174 p.

Les Exploits d'Iberville. [Préface de l'auteur]. Québec : Darveau, 1888. xi + 254 p.

Les Exploits d'Iberville. [Préface de l'auteur]. Illustrations de L. Maîtrejean. Tours : Mame, [1930]. 230 p.

La Monongahéla. Dessins de André Fournier. Tours : Mame, [1930]. 234 p.

ROUSSEAU, Mme Georges voir Bernier, Jovette-Alice

ROUTHIER, Adolphe Basile

A travers l'Espagne : Lettres de voyage par A. B. Routhier. Québec : Côté, 1889. 406 p.

A travers l'Europe : Impressions et paysages. Tome premier. Québec : Delisle, 1881. 410 p.

Causeries du dimanche. [Introduction de l'auteur]. Beauchemin et Valois, 1871. xii + 294 p.

Conférences et discours. Beauchemin, 1889. 434 p.

Conférences et discours. 2e série. Beauchemin, 1904. 426 p.

De Québec à Victoria. Québec : Demers, 1893. 392 p.

Les Échos. Québec : Delisle, 1882. 287 p.

En canot : Petit Voyage au lac St-Jean. Québec : Fréchette, 1881. 202 p.

Montcalm et Lévis : Drame historique en cinq actes, avec prologue et six tableaux. Québec : Imprimerie Franciscaine Missionnaire, 1918. 173 p.

Paulina : Roman des temps apostoliques. [Préfaces de Louis-Ad. Paquet, de Sylvio Corbeil, de A. D. De Celles, de Louis Lalande, et de Thos. Chapais]. 4e éd. Québec : Imprimerie Franciscaine Missionnaire, 1918. xxiv + 382 p.

> Claire Daigneault, comp. «Bio-bibliographie de Sir Adolphe-Basile Routhier.» Préface de M. Jacques Rousseau. École de bibliothécaires de l'Université de Montréal, 1951. vi + 43 p. (Microfilm)
>
> Andrée Descarries, comp. «Bio-bibliographie de Sir Adolphe-Basile Routhier.» Préface du Major Gustave Lanctôt. École de bibliothécaires, 1943. 116 p. (Microfilm)

ROUTIER, Simone (Marie de Villers, pseud.)

Adieu, Paris ! Journal d'une évacuée canadienne, 10 mai - 17 juin 1940. Ottawa : Le Droit, [1940]. 159 p.

Ceux qui seront aimés . . . . [Préface de Louis Dantin]. Paris : Roger, [c 1931]. 31 p.

L'Immortel Adolescent. Québec : Le Soleil, 1928. 190 p.

Le Long Voyage. [Paris] : Éditions de la Lyre et de la Croix, [1947]. 153 p.

Réponse à désespoir de vieille fille. Beauchemin, [1943]. 125 p.

> Huguette Gascon, comp. «Bio-bibliographie de Simone Routier.» [Préface de Michelle Le Normand]. [n.p. — sans éditeur], 1945. iv + 17 p. (Microfilm)
>
> Madeleine Vaillancourt, comp. «Bio-bibliographie de Simone Routier.» [n.p. — sans éditeur], 1948. 21 p. (Microfilm)

ROUX, Jean-Louis

Bois brûlés : Reportage épique. Éditions du Jour, [1968]. 219 p.

Dix Ans de théâtre au Nouveau Monde : Histoire d'une compagnie théâtrale canadienne. [par] Éloi de Grandmont, Norman Hudon [et] Jean-Louis Roux. Leméac, [1961]. [unpaged — sans pagination].

ROY, Antoine

Les Lettres, les sciences et les arts au Canada sous le régime français : Essai de contribution à l'histoire de la civilisation canadienne. [Préface de l'auteur]. Paris : Jouve, 1930. xvi + 292 p.

ROY, Armand (Serge Roy, pseud.)

Impasse. Éditions Pascal, [1946]. 2 vols.

Têtes fortes : Roman. Totem, [1935]. 193 p.

ROY, Camille

A l'ombre des érables : Hommes et livres. Québec : Action sociale, 1924. 348 p.

La Critique littéraire aux dix-neuvième siècle : De Mme de Staël à Émile Faguet. Conférences de l'Institut canadien, 1917-1918. Québec : Action sociale, 1918. 236 p.

Devenez savants, restez chrétiens : Discours prononcé à l'Université Laval, le 12 septembre 1934. Québec : [n.p. — sans éditeur], 1934. 12 p.

Essais sur la littérature canadienne. Québec : Garneau, 1907. 376 p.

Essais sur la littérature canadienne. Beauchemin, 1925. 201 p.

Études et croquis. 2ᵉ éd. Québec : Robitaille, 1936. 252 p.

«French-Canadian Literature.» [Reprinted from *Canada and its Provinces : A History of the Canadian People and Their Institutions, by One Hundred Associates*] Ed. by Adam Short and A. G. Doughty. Toronto, Glasgow : Brook, 1913. pp. 435-489.

Histoire de la littérature canadienne. Nouv. éd. rev. et mise à jour. Québec : Action sociale, 1930. 310 p.

Historiens de chez nous : Études extraites des «Essais» et «Nouveaux Essais sur la littérature canadienne.». Beauchemin, 1935. 190 p.

Manuel d'histoire de la littérature canadienne-française. Nouv. éd. rev. et mise à jour. Québec : Action sociale, 1923. x + 124 p.

Manuel d'histoire de la littérature canadienne de langue française. 2ᵉ éd. rev. et corr. par l'auteur. Beauchemin, 1959, [c 1939]. 201 p.

Morceaux choisis d'auteurs canadiens. 1ᵉʳᵉ édition. Beauchemin, 1934. 443 p.

Nos Origines littéraires. Québec : Action sociale, 1909. 354 p.

Nouveaux Essais sur la littérature canadienne. Québec : Action sociale, 1914. 390 p.

Poètes de chez nous : Études extraites des «Essais» et «Nouveaux Essais sur la littérature canadienne.» Beauchemin, 1934. 192 p.

Propos canadiens. 2ᵉ éd. rev., remaniée, et corr. Lévesque, 1932. 189 p.

Propos canadiens, 3ᵉ éd., rev., remaniée, et corr. Granger, 1946. 189 p.

Propos rustiques. Beauchemin, 1913. 137 p.

Regards sur les lettres. Québec : Action sociale, 1931. 240 p.

Tableau de l'histoire de la littérature canadienne-française. Québec : Action sociale, 1907. 81 p.

L'Université Laval et les fêtes du cinquantenaire. Québec : Dussault & Proulx, 1903. viii + 395 p.

> Frère Ludovic, comp. *Bio-bibliographie de Mgr Camille Roy, recteur de l'Université Laval.* Préface de M. Aegidius Fauteux. Québec : [Frères des Écoles Chrétiennes], 1941. 180 p.
>
> Frère Ludovic, E.C., comp. «Bio-bibliographie de Mgr Camille Roy, p.a., v.g., recteur de l'Université Laval.» [n.p. — sans éditeur], 1940. 105 p. (Microfilm)

ROY, Carmen

Contes populaires gaspésiens. Fides, 1952. 160 p.

La Littérature orale en Gaspésie. Ottawa : Musée national du Canada, 1955. v + 389 p. (Bulletin no. 134. Série anthropologique no. 36).

ROY, Gabrielle

Alexandre Chenevert : Roman. Beauchemin, 1954. 373 p.

Bonheur d'occasion. Éditions Pascal, [1946, c 1945]. 2 vols.

The Cashier. Translated by Harry Binsse. Toronto : McClelland & Stewart, [1955]. 251 p.

Gott geht weiter als wir Menschen. [Aus dem Französischen von Theodor Rocholl]. [Titel der Originalausgabe : *Alexandre Chenevert, caissier*]. [Paris] : [Flammarion]. München : Paul List Verlag, [c 1956]. 278 p.

The Hidden Mountain. Translated from the French by Harry Binsse. New York : Harcourt, Brace & World, [c 1962]. 186 p.

Das kleine Wasserhühn. [Aus dem Französischen von Theodor Rocholl]. [Titel der Originalausgabe : *La Petite Poule d'eau*]. [Paris] : [Flammarion]. München : Paul List Verlag, [c 1953]. 236 p.

La Montagne secrète : Roman. Beauchemin, 1962, [c 1961]. 222 p.

La Petite Poule d'eau. Beauchemin, 1950. 272 p.

The Road Past Altamont. Translated from the French by Joyce Marshall. Toronto : McClelland & Stewart, [c 1966]. 146 p.

La Route d'Altamont. H.M.H., 1966. 261 p.

Rue Deschambault. Beauchemin, 1955. 260 p.

Street of Riches/ Rue Deschambault. Translated by Harvey Binsse. Toronto : McClelland & Stewart, [c 1957]. 246 p.

The Tin Flute. New York : Reynal & Hitchcock, [1947]. 315 p.

Where Nests the Waterhen. Translated from the French by Harvey L. Binsse. New York : Harcourt, Brace, [c 1951]. 251 p.

> Monique Genuist. *La Création romanesque chez Gabrielle Roy.* Cercle du Livre de France, [c 1966]. 174 p.

ROY, George Ross

Twelve Modern French Canadian Poets : Translated by G. R. Roy with French text/Douze Poètes modernes du Canada Français :

Traduit par G. R. Roy, texte français. [Introduction by the translator]. Toronto : Ryerson, [1958]. 99 p.

ROY, J. Edmond

> Gérard Martin, comp. «Bio-bibliographie de J.-Edmond Roy.» Préface de Antoine Roy. École de bibliothécaires, 1945. 158 p. (Microfilm)

ROY, J. H.

Voix étranges : 1902. Lowell, Mass. : L'Étoile, Lépine & Cie, 1902. 206 p.

ROY, Lisette (Jaquemi, pseud.)

Des heures, des jours, des années : Poèmes. [Québec] : [Sillery], [1966]. 111 p.

ROY, Marie-Anna A.

Le Pain de chez nous : Histoire de chez nous. Éditions du Lévrier, 1954. 255 p.

Valcourt; ou, La Dernière Étape : Roman du grand nord canadien. [Beauceville] : [L'Éclaireur], [1958]. 414 p.

ROY, Pierre Georges

A propos de Crémazie. Québec : Garneau, 1945. 302 p.

A travers les anciens Canadiens de Philippe Aubert de Gaspé. [Préface de Ph. A. de Gaspé]. Ducharme, 1943. 279 p.

A travers les Mémoires de Philippe Aubert de Gaspé. Ducharme, 1943. 296 p.

Bibliographie de la poésie franco-canadienne. Lévis : [n.p. — sans éditeur], 1900. 14 p.

> Rollande Dorais, comp. «Bio-bibliographie de Monsieur Pierre-Georges Roy, archiviste de la province de Québec.» Préface de M. Victor Morin. [n.p. — sans éditeur], 1943. x + 43 p. (Microfilm)

ROY, Régis (Willy de Grécourt, pseud.)

L'Épluchette : Contes joyeux des champs. Malchelosse, 1916. 134 p.

Les Joyeux Petits Contes canadiens. [Préface de l'auteur]. Ottawa : Mortimer, 1906. 83 p.

Joyeux Propos de gros-Jean : Petits Monologues comiques en prose rimée. [Préface de l'auteur]. Illustrations de Albéric Bourgeois. Cahiers Populaires, 1928. 104 p.

La Main de fer : Roman historique canadien. Garand, [1931]. 54 p.

> Jacques Langlois, comp. «Bio-bibliographie analytique de Régis Roy.» Préface de Marie-Claire Daveluy. [n.p. — sans éditeur], 1947. vi + 106 p. (Microfilm)

ROY, Régis
Le Manoir hanté : Récit canadien. Avec dix dessins de Paul Lemieux. Carrier, 1928. 225 p.

ROY, Serge (pseud.) voir Roy, Armand

ROYER, Jean
A patience d'aimer. [Québec] : Éditions de l'Aile, [1966]. 82 p.

RUMILLY, Robert
Chefs de file. Éditions du Zodiaque, [1934]. 266 p.

> Liliane Gince, comp. «Bio-bibliographie de Robert Rumilly.» Préface d'Eugène Achard. [n.p. — sans éditeur], 1945. 119 p. (Microfilm)

SAINT-ANDOCHE (pseud.) voir Boulizon, Guy

SAINT-AUBIN, Daniel
Voyages prolongés. Déom, [1966]. 89 p.

ST-CYR, André
Avant. Salaberry-de-Valleyfield : Édition Barard, 1966. 22 p.

SAINT-DENYS GARNEAU voir Garneau, Saint-Denys

SAINT-ÉPHREM, Marie
Immortel Amour : Poèmes. Préface de Mgr Camille Roy. Sillery : Couvent de Jésus-Marie, 1929. 188 p.

SAINT-GEORGES, Hervé de
Contes canadiens. Pilon, [1947]. 193 p.

SAINTE-MARIE ÉLEUTHÈRE, Soeur
La Mère dans le roman canadien-français. [Préface de Ernest Gagnon]. Québec : Presses de l'Université Laval, 1964. xiv + 214 p.

SAINTE-MARIE, Micheline
Les Poèmes de la sommeillante. Dessins : Klaus Spiecker. Éditions Quartz, [1958]. [unpaged — sans pagination].

SAINT-MARTIN, Fernande
La Littérature et le non-verbal. Éditions d'Orphée, [1958]. 193 p.

SAINT-ONGE, Paule
Ce qu'il faut de regrets : Roman. Cercle du Livre de France. [c 1961]. 159 p.

La Maîtresse : Nouvelles. Cercle du Livre de France, [c 1963]. 184 p.

La Saison de l'inconfort : Roman. Cercle du Livre de France, [1968]. 183 p.

Le Temps des cerises : Recueil de nouvelles. Prix «Littérature-Jeunesses» de l'A.C.E.L.F. — 1962. Centre de Psychologie et de Pédagogie, 1962. 96 p.

SAINT-PIERRE, Arthur

La Croche : Roman. Bibliothèque canadienne, [1953]. 196 p.

Des nouvelles : Le Mendiant fleuri, L'Esprit est prompt, Vouloirs futiles. Bibliothèque canadienne, 1928. 195 p.

SAINT-PIERRE, Madeleine

Intermittence. Trois-Rivières : Bien Public, 1967. 53 p.

SALABERRY, Thérèse de

Michel aux yeux d'étoiles. Variétés, [1946]. 157 p.

SAMSON, Jean-Noël

Émile Nelligan. [Préface de Louis Dantin]. Fides, [c 1968]. 103 p. (Dossiers de documentation sur la littérature canadienne-française, 3).

Félix Leclerc. [Avant-propos de Roland-M. Charland et Jean-Noël Samson]. [Préface de Jean Giono]. Fides, [c 1967]. 87 p. (Dossiers de documentation sur la littérature canadienne-française, 2).

SAUNDERS, Sir Charles Edward

Essais et vers. [Préface de l'auteur]. Carrier, 1928. 78 p.

SAURIOL, Jacques

Le Désert des lacs : Roman. Éditions de l'Arbre, [1942]. 200 p.

SAVARD, Félix Antoine

L'Abatis. Dessins d'André Morency. Fides, [1943]. 209 p.

Le Barachois. Fides, [1959]. 207 p.

Boss of the River. Translated by Alan Sullivan. [Foreword by Alan Sullivan]. Toronto : Ryerson, [1947]. 131 p.

La Dalle-des-morts : Drame en trois actes. Fides, [1965]. 153 p.

La Folle : Drame lyrique en trois tableaux. Fides, [1960]. 91 p.

Martin et le pauvre. Fides, [1959]. 61 p.

Menaud, maître-draveur. Ed définitive. Fides, [1953, c 1937]. 153 p.

La Minuit. Fides, 1949. 177 p.

> Madeleine Cadieux, comp. «Notes bio-bibliographiques sur Mgr Félix Antoine Savard.» École des bibliothécaires, 1952. [unpaged — sans pagination].

André Major. *Félix-Antoine Savard*. Fides, [1968]. 190 p.

Soeur Thérèse-du-Carmel, comp. *Bibliographie analytique de l'oeuvre de Félix-Antoine Savard*. [Préface de Luc Lacourcière]. Fides, [1967]. 229 p.

SAVARD, Marie

Les Coins de l'ove. Québec : Éditions de l'Arc, [1965]. 74 p.

SAVARD, Raymond

L'Écrivain canadien face à la réalité. [par] Claude Marceau et Raymond Savard. [Introduction : Georges Boulanger]. Éditions Nocturne, 1962. 62 p.

Larmes. Présentations en prose de Claude Marceau. Éditions Nocturne, [n.d. — sans date]. 117 p.

La Nuit des songes : Images prosaïques de Claude Marceau. [n.p. — sans éditeur]. [n.d. — sans date]. 76 p.

Rayons d'espoir : Poésies. [n.p. — sans éditeur], [1952]. 22 p.

Reflets. Introduction : Claude Marceau. Éditions Nocturne, 1957. 72 p.

SAVARY, Charlotte

Le Député. Éditions du Jour, [1961]. 219 p.

Et la lumière fut. Québec : I.L.Q., 1951. 224 p.

Isabelle de Fréneuse. Québec : I.L.Q., [1950]. 252 p.

SAVOIE, Renald

A joual sur les mots : Les Jeux de l'humour et du hasard. Éditions du Jour. [1954, c 1963]. 123 p.

SCHENDEL, Michel van

Ducharme l'inquiétant. [Faculté des Lettres de l'Université de Montréal], [1967]. 24 p. (Conférences J. A. de Sève, 8).

Poèmes de l'Amérique étrangère. Éditions de l'Hexagone, [1958]. 46 p.

La Poésie et nous. [Préface de Jean-Guy Pilon]. Éditions de l'Hexagone, [1958]. 93 p.

Variations sur la pierre. Éditions de l'Hexagone, [1964]. 46 p.

SCHWARTZ, Émile

L'Ame retrouvée par la grâce de Saint François d'Assise. Québec : [Bien Public], [1948]. 160 p.

SEERS, Eugène (Louis Dantin, pseud.)

Le Coffret de Crusoé. Lévesque, 1932. 174 p.

Contes de Noël. Lévesque, 1936. 116 p.

Émile Nelligan et son oeuvre. Préface [par] Louis Dantin. Garand, 1925. 36 p.

Les Enfances de Fanny. [Avant-propos de R. Dion-Lévesque]. Chantecler, 1951. 286 p.

Gloses critiques : Faits — oeuvres — théories. Lévesque, 1931. 222 p.

Louis Dantin. Textes choisis et présentés par Yves Garon. Fides, [1968]. 96 p.

Un Manuscript retrouvé à Kor-el-Fantin. Eleutheropolis [i.e. Trois-Rivières] : Presses Idéales, 1963. 21 p.

Poèmes d'outre-tombe. Préface de Gabriel Nadeau. Trois-Rivières : Bien Public, 1962. 164 p.

Poètes de l'Amérique française : Études critiques. [Préface de l'auteur]. Carrier, 1928. 250 p.

Poètes de l'Amérique française : Études critiques. [Préface de l'auteur]. 2ᵉ série. Lévesque, [1934]. 196 p.

La Vie en rêve. Action canadienne-française, 1930. 266 p.

> Marcel Mercier, comp. *Bibliographie de Louis Dantin.* St-Jérôme, Qué. : Labelle, 1939. 69 p.
> ————, comp. «Bibliographie de Louis Dantin.» [n.p. — sans éditeur], [n.d. — sans date]. [unpaged — sans pagination]. (Microfilm)
> Gabriel Nadeau. *Louis Dantin : Sa Vie et son oeuvre.* Manchester, N.H. : Lafayette, [1948]. 252 p.

SÉNÉCAL, Éva

La Course dans l'aurore : Poèmes couronnés au concours d'Action Intellectuelle de l'A.C.J.C. en 1929. Préface de Louis-Philippe Robidoux. Sherbrooke : La Tribune, 1929. 153 p.

SERRE, Lucien

Louis Fréchette : Notes pour servir à la biographie du poète. [Préface de E. L.]. Frères des Écoles chrétiennes, [c 1928]. iv + 294 p.

SERRES, Marthe Des (pseud.) voir Charbonneau, Hélène

SHAWINIGAN, P. Q. Séminaire Ste-Marie. Académie Littéraire.

Naître ce matin : Poèmes. [par] André Guillemette et autres. Préface par Jean-Marc Tousignant. Dessins de Louise René de Cotret-Panneton. Shawinigan : Éditions des Rapides, [1960]. 136 p.

L'Orbite de leur terre : Poèmes. [Préface de Gérard Filteau]. [Cap de la Madeleine] : Éditions des Rapides, [1958]. 156 p.

Souliers de laine : Poèmes. [par] Jean-Claude Rivard [et autres]. Préface par Raymond Langevin. Dessins de Louise René de Cotret-Panneton. [Trois-Rivières] : Éditions des Rapides, [c 1959]. 92 p.

SHILLIH, Georges Igor

«L'Absence d'amour dans la littérature canadienne-française.» M.A. thesis, University of British Columbia, 1956. 219 p.

SHORE, Thérèse (Allen-Shore, Lena, pseud.)

Ne me demandez pas qui je suis : Roman. Librairie la Québécoise, [1965]. 234 p.

L'Orage dans mon coeur : Poèmes récitatifs. Éditions du Lys, [1963] 37 p.

Le Pain de la paix : Poèmes récitatifs et prose. Éditions du Lys, [1964]. 41 p.

SHORTLIFFE, Glen

Gérard Bessette : L'Homme et l'écrivain. [Faculté des lettres de l'Université de Montréal], [1965]. 39 p. (Conférences J. A. de Sève, 3).

SICOTTE, Louis Wilfrid

Michel Bibaud. Marchand, 1908. 30 p.

SICOTTE, Sylvie

Pour appartenir. Déom, [1968]. 109 p.

SILLONVILLE, Ollivia

Derrière les manchettes : Drame de la mère d'un condamné à mort. [Beauchemin], [1966]. 256 p.

SILVA, Viviane da

Visage de fièvre : Roman. Cercle du Livre de France, [1960]. 217 p.

SIMARD, Jean

L'Ange interdit : Pièce en trois tableaux. Cercle du Livre de France, [c 1961]. 96 p.

Félix. Éd. rev. et corr. par l'auteur. Estérel, [1966]. 141 p.

Hôtel de la reine. Variétés, [1949]. 205 p.

Mon Fils pourtant heureux : Roman. Cercle du Livre de France, [c 1956]. 228 p.

Nouveau Répertoire : Essai. [Préface de l'auteur]. H.M.H., 1965. 419 p.

Répertoire : Essai. [Préface de l'auteur]. Cercle du Livre de France, [1961]. 319 p.

Les Sentiers de la nuit : Roman. Cercle du Livre de France, [c 1959]. 228 p.

Treize Récits. H.M.H., 1964. 199 p.

SIMON, Jean-F.

Deux du vingt-deuxième bataillon : Roman canadien. [Préface de A. L.]. La Salle, 1929. vi + 117 p.

SINCENNES, Michel

Concerto sans rimes. [par] Michel Sincennes [et al]. Sans le Sou, [1965]. 46 p.

SMET, Françoise Gaudet voir Gaudet-Smet, Françoise

SMITH, A. J. M.

Modern Canadian Verse, in English and French. Toronto : Oxford University Press, 1967. 426 p.

The Oxford Book of Canadian Verse in English and French. With an Introduction by A. J. M. Smith. Toronto : Oxford University Press, 1960. lvi + 445 p.

SOMCYNSKY, Jean F.

Les Rapides. Cercle du Livre de France, [1967, c 1966]. 222 p.

SOUCY, Charles

Le Voyage à l'imparfait : Roman. Cercle du Livre de France. [1968]. 158 p.

SOULANGES, Mme Joyberte (pseud.) voir Léveillé, Ernestine Pineault

SPIECKER, Diane (Pelletier)

Les Affres du zeste. Dessins de Klaus Spiecker. Éditions Quartz, [1958]. [unpaged — sans pagination].

Poèmes. Toronto : Clô Chluain Tairbh, 1962. [unpaged — sans pagination].

STANKÉ, Alain

Montréalités. Illustrations de Jean Dubuc. Éditions de l'Homme, [1965]. [unpaged — sans pagination].

STEENHOUT, Ivan

Le Geste. Estérel, [1947]. 141 p.

STIPKOVIC, Nada

Lignes. Beauchemin, 1961, 74 p.

SUÈDE, Catherine de

Léonie Bélanger, comp. «Bio-bibliographie de Mère Catherine de Suède, D. Ped. Université de Montréal, des Saints Noms de Jésus et Marie, Outremont, P. Qué.» École de bibliothécaires, l'Université de Montréal, 1948. 39 p. (Microfilm)

SULTE, Benjamin

Au coin du feu : Histoire et fantaisie. Darveau, 1883. 211 p.

Chants nouveaux. Ottawa : Imprimerie du journal «Le Canada,» 1880. 68 p.

Mélanges littéraires. Recueillies et publiées par Gérard Malchelosse. Ducharme, 1925-1926. 2 vols.

Poésies : Les Laurentiennes. Sénécal, 1870. 208 p.

La Poésie française au Canada; Précédée d'un article de revue historique sur la littérature canadienne-française. St-Hyacinthe : Imprimerie du «Courrier de St-Hyacinthe,» 1881. 288 p.

SYLVAIN (pseud.) voir Panneton, Auguste

SYLVESTRE, Guy

Amours, délices et orgues : Pastiches de Harry Bernard, Roger Brien, Jean Bruchési ... Marcel Trudel et Roger Viau. Québec : I.L.Q., 1953. 177 p.

Anthologie de la poésie canadienne-française. [Introduction de l'auteur]. 2e éd. rev. et augm. Beauchemin, 1958. xxiii + 298 p.

Anthologie de la poésie canadienne-française. [Introduction de l'auteur]. 4e éd. Beauchemin, 1963. xxiii + 376 p.

Anthologie de la poésie canadienne d'expression française. Précédée d'une introduction. Valiquette, [1943 c 1942]. 141 p.

Écrivains canadiens/Canadian Writers. [par] Guy Sylvestre et Carl Klinck. Toronto : Ryerson, [1964]. 163 p.

Écrivains canadiens : Un Dictionnaire biographique. New ed. rev. & enl. Toronto : Ryerson, [1966]. 186 p.

Impressions de théâtre : Paris-Bruxelles 1949. Ottawa : [Le Droit], 1950. 55 p.

Panorama des lettres canadiennes-françaises. Québec : Ministère des Affaires Culturelles, 1964. 77 p.

Un Siècle de littérature canadienne/A Century of Canadian Literature. [par] Guy Sylvestre et H. Gordon Green. [Préface [et] Introduction de H. Gordon Green [et] Guy Sylvestre]. Toronto : Ryerson, [1967]. xxxi + 599 p.

Sondages. Beauchemin, 1954. 157 p.

SYLVIA, Marie (pseud.) voir Aquin, Marie Thomas de

TACHÉ, Louis Joseph Charles Hyppolyte

Faucher de St-Maurice. Sénécal & fils, 1886. 142 p.

Forestiers et voyageurs. Préface de Luc Lacourcière. Fides, 1946. 230 p.

Les Histoires du M. Sulte. [Protestation par J. C. Taché]. Cadieux & Derome, 1883. 32 p.

Les Hommes du jour : Galerie de portraits contemporains : Monument érigé à la gloire de la confédération du Canada. La Compagnie de Moulins à Papier de Montréal, [c 1890]. 2 vols.

The Isle of the Massacre. [by] William Carson Woods, following the French of the late J. C. Taché, esq. Illustrations by John Innes. Toronto : Publishers Syndicate, [c 1901]. 98 p.

Les Sablons : Île de sable. Illustrations d'André Fournier. Tours : Mame & fils, [1930]. 164 p.

Trois Légendes de mon pays; ou, l'Évangile ignorée, l'évangile prêchée, l'évangile acceptée. Publié pour la première fois dans Les Soirées Canadiennes en 1861. Beauchemin, 1922. 140 p.

> Jacqueline Vézina, comp. «Bio-bibliographie de M. Joseph-Charles Taché, ex-député ministre de l'agriculture.» École de bibliothécaires, 1945. v + 28 p. (Microfilm)

TANGUAY, Cyprien

> Adrien Laurendeau, comp. «Notes bio-bibliographiques sur Mgr Cyprien Tanguay.» École de bibliothécaires, 1949. 23 p. (Microfilm)

TANTE LUCILLE, (pseud.) voir Desparois, Lucile

TARD, Louis-Martin
Si vous saisissez l'astuce. Éditions du Jour, 1968. 122 p.

TARDIEU-DEHOUX, Charles
Cabanons. Éditions de l'Albatros, [1967]. 175 p.

TARDIF, Thérèse
Désespoir de vieille fille. Éditions de l'Arbre, 1943. 124 p.
La Vie quotidienne. Ottawa : [Imprimerie Saint-Joseph], [c 1951]. 180 p.

TARDIVEL, Jules Paul
Borrowed and Stolen Feathers; or, A Glance through Mr. J. M. Lemoine's Latest Work, The Chronicles of the St. Lawrence. Québec : «Le Canadien,» 1878. 33 p.
Mélanges; ou, Recueil d'études religieuses, sociales, politiques et littéraires. 1ère série. Québec : La Vérité, 1887. 393 p. + iv.
Notes de voyage en France, Italie, Espagne, Irlande, Angleterre, Belgique et Hollande. Sénécal, 1890. 460 p.
Pour la patrie : Roman de xxᵉ siècle. Cadieux & Derome, 1895. 451 p.

> Georgette Jarry, comp. «Notes bio-bibliographiques sur Monsieur Jules-Paul Tardivel, fondateur du journal La Vérité à Québec.» École de bibliothécaires, 1951. 84 p. (Microfilm)

TASCHEREAU, Marguerite

Les Pierres de mon champ. Préface par le R. P. M.-A. Lamarche, Carrier, 1928. 133 p.

TATROFF, Daniel Peter

«Themes in French Canadian Theater.» M. A. Thesis, University of British Columbia, 1968.

TÉRAMOND, François de

Ainsi tu est roi ? Roman. Fides, [1964]. 190 p.

TESSIER, Théodore

De l'aube au crépuscule. [Sherbrooke] : Paulines, 1967. 103 p.

TÉTREAU, Jean

Essais sur l'homme. Guillaume, [1960]. 247 p.
Les Nomades : Roman. Éditions du Jour, [1967]. 260 p.
Volupté de l'amour et de la mort. Éditions du Jour, 1968. 247 p.

THÉRÈSE-DU-CARMEL, Soeur

Bibliographie analytique de l'oeuvre de Félix-Antoine Savard. [Préface de Luc Lacourcière]. Fides, [1967]. 229 p.

THÉRIAULT, Adrien (Adrien Thério, pseud.)

Les Brèves Années : Roman. Fides, [1953]. 171 p.
Ceux du Chemin-Taché : Contes. Éditions de l'Homme, [c 1963]. 164 p.
Contes des belles saisons. Beauchemin, 1958. 109 p.
Conteurs canadiens-français : Époque contemporaine. Déom, [1965]. 322 p.
Flamberge au vent. Couverture et illustrations de Pierre Peyskens. Beauchemin, 1961. 136 p.
L'Humour au Canada français : Anthologie. Cercle du Livre de France, [1968]. 290 p.
Jules Fournier, journaliste de combat. Fides, [1954]. 244 p.
Mes Beaux Meurtres : Nouvelles. Cercle du Livre de France, [1961]. 185 p.
Le Mors aux flancs : Roman. Éditions Jumonville, [1965]. 199 p.
Le Printemps qui pleure. Éditions de l'Homme, [1962]. 127 p.
Les Renégats : Pièce en trois actes et cinq tableaux. Éditions Jumonville, 1964. 127 p.
La Soif et le mirage : Roman. Cercle du Livre de France, [c 1960]. 222 p.
Soliloque en hommage à une femme : Roman. Cercle du Livre de France, [1968]. 161 p.

THÉRIAULT, Charles Yvon

> Luc André Biron, comp. *Bio-bibliographie de Charles-Yvon Thériault, journaliste (1948-1956)*. Trois-Rivières : [n.p. — sans éditeur], 1961. 105 p.

THÉRIAULT, Mme J.-W. (Madame Théry, pseud.)
Autour d'un nom : Roman canadien. Garand, 1926. 113 p.

THÉRIAULT, Yves

Aaron : Roman. Québec : I.L.Q., [1954]. 163 p.

Aaron : Roman. Éditions de l'Homme, [1965]. 158 p.

Agaguk : Roman esquimau. Québec : Grasset, [c 1958]. 298 p.

Agaguk. Translated by Miriam Chapin. Toronto : Ryerson, [c 1963]. 229 p.

Agaguk : Roman esquimau. 9e éd. Éditions de l'Homme, [1966, c 1961]. 318 p.

Amour au goût de mer : Roman. Beauchemin, 1961. 132 p.

L'Appelante. Éditions du Jour, [1967]. 125 p.

Ashini. Fides, [1960]. 173 p.

Les Commettants de Caridad : Roman. Québec : I.L.Q., [c 1961]. 300 p.

Contes pour un homme seul. Éditions de l'Arbre, [1944]. 195 p.

Contes pour un homme seul. [Nouv. éd.], [suivi de deux contes inédits]. H.M.H., 1965. 204 p.

Cul-de-sac : Roman. Québec : I.L.Q., [c 1961]. 223 p.

Le Dompteur d'ours. Cercle du Livre de France, [1951]. 188 p.

Le Dompteur d'ours. Rééd. Éditions de l'Homme, [1965]. 159 p.

Les Extravagances de Ti-Jean. Illustrations de Cécile Gagnon. Beauchemin, 1963. 64 p.

La Fille laide : Roman. Beauchemin, 1950. 223 p.

Le Grand Roman d'un petit homme. Éditions du Jour, [1963]. 143 p.

L'Île introuvable. Éditions du Jour, [1968]. 173 p.

Kesten : Roman. Éditions du Jour, [1968]. 123 p.

Le Marcheur : Pièce en trois actes. Léméac, [1968]. 110 p.

La Mort d'eau. Éditions de l'Homme, [c 1968]. 116 p.

N'Tsuk. Éditions de l'Homme, [c 1968]. 106 p.

La Rose de pierre : Histoires d'amour. Éditions du Jour, [1964]. 135 p.

Le Ru d'Ikoué : Roman. Fides, [1963]. 96 p.

Séjour à Moscou. Fides, [1961]. 191 p.

Si la bombe m'était contée. Éditions du Jour, [1962]. 124 p.

Les Temps du carcajou : Roman. Québec : I.L.Q., [c 1965]. 244 p.

Le Vendeur d'étoiles et autres contes. Fides, [1961]. 124 p.

Les Vendeurs du temple : Roman. [Québec] : [n.p. — sans éditeur], [n.d. — sans date]. 263 p.

Les Vendeurs du temple. Éditions de l'Homme, 1964. 220 p.

    Jeannine Girard, comp. «Bio-bibliographie de Yves Thériault, membre de la Société des écrivains canadiens [et al.].» [Préface de M. Jean Bruchési]. [L'Institut Marie-Euphrasie], 1950. iv + 46 p. (Microfilm)

THÉRIO, Adrien (pseud.) voir Thériault, Adrien

THERRIAULT, Mary-Carmel

La Littérature française de Nouvelle-Angleterre. Préface de Gabriel Nadeau. Fides, [c 1946]. 324 p.

THERRIEN, Charles Lebel

Solitudes minganiennes. Rimouski : Éditions du Cormoran, 1966. 56 p.

THÉRY, Madame (pseud.) voir Thériault, Mme J. W.

THIBAULT, Anna Marie (Duval)

Fleurs du printemps. [Préface de Benjamin Sulte]. Fall River, Mass. : Société du Publication de l'Indépendant, 1892. xi + 246 p.

THIBAULT, Honoré (Jean Des Grèves, pseud.)

Dollard : Poème dans le genre ancien en trois chants. [Avant-propos de J. B. A. Ferland]. Beauchemin, 1920. 87 p.

THOMAS, Alphonse

Gustave; ou, Un Héros canadien : Roman historique et polémique. Gernaey, 1882. 407 p.

TISSEYRE, Pierre (Francharme, pseud.)

Tu m'aimeras deux fois : Roman. Cercle du Livre Romanesque, [c 1960]. 210 p.

TOUCHETTE, Katheline (pseud.) voir Manvil, Rita

TOUGAS, Gérard

La Francophonie en péril. Cercle du Livre de France, [c 1967]. 181 p.

Histoire de la littérature canadienne-française. Paris : Presses Universitaires de France, 1960. 286 p.

Histoire de la littérature canadienne-française. [Avant-propos et préface de l'auteur]. 2e éd., rev. et augm. Paris : Presses Universitaires de France, 1964. xii + 312 p.

Histoire de la littérature canadienne-française. 4e éd. [Avant-propos de la première édition [et] Préface de la deuxième édition]. Paris : Presses Universitaires de France, 1967. xii + 312 p.

History of French Canadian Literature. Translation by Alta Lind Cook. [Foreword [and] Preface by the Author]. 2nd ed. Toronto : Ryerson, [c 1966]. ix + 301 p.

Situation de la littérature canadienne-française. [Faculté des lettres de l'Université de Montréal], [1964]. 28 p. (Conférences J. A. de Sève, 1).

TOUPIN, Paul

Au-delà des Pyrénées. [n.p. — sans éditeur], 1949. 165 p.

Brutus : Pièce en trois actes et un épilogue. [Imprimerie Saint-Joseph], [c 1952]. 147 p.

L'Écrivain et son théâtre. Cercle du Livre de France, [1964]. 97 p.

Le Mensonge : Pièce en trois actes. Éditions de l'Hexagone, [1960]. 52 p.

Les Paradoxes d'une vie et d'une oeuvre. [Préface de Marcel Valois]. Cercle du Livre de France, [c 1965]. 138 p.

Rencontre avec Berthelot Brunet. Fides, 1950. 43 p.

Souvenirs pour demain. Cercle du Livre de France, [1960]. 100 p.

Théâtre : Brutus, Le Mensonge, Chacun son amour. Cercle du Livre de France, [1961]. 204 p.

TOUR FONDUE, Geneviève de la voir La Tour Fondue, Geneviève de

TRÉMAUDAN, Auguste Henri de (Prosper Willaume, pseud.)

De fil en aiguille : Mélodrame canadien-français en 3 actes. [Préface de l'auteur]. Los Angeles : Le Courrier Français, 1925. 49 p.

L'Île au massacre : Roman canadien inédit. Illustrations d'Albert Fournier. Garand, [1928]. 80 p.

TREMBLAY, Alfred (Derfla, pseud.)

Recueil de poésies. Précédé d'une préface par Mgr Camille Roy et d'une notice biographique par Mgr Eugène Lapointe. Carrier, 1932. xxxiv + 180 p.

TREMBLAY, Gemma

L'Aube d'ocre : Poèmes. Beauchemin, 1961. 60 p.

Cratères sous la neige. Déom, [1966]. 53 p.

Cuivres et violons marins. Éditions de l'Hexagone, [1965]. 61 p.

Poèmes d'identité. Paris : Grassin, [1965]. 79 p.

Rhapsodie auburn : Poèmes des saisons. Beauchemin, 1960. 62 p.

Séquences du poème. Paris : Grassin, [1964]. 40 p.

TREMBLAY, Jacqueline (Grenier)

Marie-Anne, ma douce : Roman. Centre de Psychologie et de Pédagogie, [n.d. — sans date]. 145 p.

Poursuite dans la brume : Roman. Fides, [1962]. 140 p.

TREMBLAY, Jules

Irène Blouin, comp. «Notes bio-bibliographiques sur Monsieur Jules Tremblay, homme de lettres, secrétaire d'Associations diverses et conférencier.» École de bibliothécaires de l'Université de Montréal, 1952. 16 p. (Microfilm)

TREMBLAY, Laurent

Combats de la vie. Rayonnement, 1959. 151 p.

Dialogues des êtres. 2e éd. Rayonnement, [1958]. 91 p.

L'Héritage. Rayonnement, [1958]. 145 p.

«Margot» : *Comédie canadienne en trois actes.* 2e éd. Québec : Missionnaires Oblats de Marie Immaculée, c 1936. 111 p.

Son Crime. Rayonnement, [1958]. 122 p.

Marcel Grignon, comp. «Essai de bio-bibliographie : Le R. P. Laurent Tremblay, O.M.I., missionnaire, écrivain, d.ph., l.th., b.d.c.» [Saint-Vincent-de-Paul], 1950. viii + 18 p. (Microfilm)

TREMBLAY, Michel

Contes pour buveurs attardés. Éditions du Jour, [1966]. 158 p.

TREMBLAY, Rémi

Caprices poétiques et chansons satiriques. [Préface de l'auteur]. Filiatreault, 1883. viii + 311 p.

Mon Dernier Voyage à travers l'Europe. Préface du chanoine Stephen Coubé. Avant-propos de l'abbé J. N. Dupuis. Avant-mot d'Émile Vaillancourt. Garand, [c 1925]. 80 p.

Pierre qui roule. [Préface de Benjamin Sulte]. Beauchemin, [1923]. 230 p.

Poésies diverses : Boutades et rêveries. Fall River, Mass. : Société de publication de l'Indépendant, 1893. 320 p.

Poésies diverses : Coups d'aile et coups de bec. Imprimerie Gebhardt-Berthiaume, 1888. 268 p.

Un Revenant : Épisode de la guerre de sécession aux États-Unis. La Patrie, 1884. 437 p.

Vers l'idéal. [Préface de l'auteur]. Ottawa : Imprimerie Commerciale, 1912. 346 p.

TROTTIER, Pierre

Les Belles au bois dormant. Éditions de l'Hexagone, [1960]. 55 p.

Le Combat contre Tristan : Poèmes. Éditions de Malte, [1951]. 82 p.

Mon Babel : Essai. H.M.H., 1963. 217 p.

Poèmes de Russie. Éditions de l'Hexagone, [1957]. [unpaged — sans pagination].

TRUDEAU, Claude Bernard

Ciels nouveaux : Poèmes. Douze dessins originaux par l'auteur. Préface de Cécile Chabot. [n.p. — sans éditeur], 1948. 102 p.

Dans les jardins de la vie et de l'amour : Poèmes. Beauchemin, [1953]. 85 p.

> Florence Dumaine, comp. «Notes bio-bibliographiques sur Monsieur Claude-Bernard Trudeau, poète et peintre.» École de bibliothécaires, 1953. 28 p. (Microfilm)

TRUDEL, Adalbert

Sous la faucille : Poèmes. Préface de l'auteur. Québec : Tremblay, 1931. 106 p.

TRUDEL, Marcel

Vézine. Fides, 1946. 264 p.

Vézine : Roman. Éd. rev. et corr. Fides, [1962, c 1946]. 286 p.

TURCOT, Marie Rose

Nicolette Auclair : Roman. Carrier, 1930. 179 p.

Un de Jasper : Roman. Lévesque, [1933]. 168 p.

TURGEON, Jean-Marie

Le Dessus du panier : L'Oncle Gaspard vous offre le dessus du panier, de ses chroniques parues dans l'Événement et Le Journal. Consultation de V. Germain. Québec : [Charrier et Dugal], 1937. 286 p.

Les Vendredis de l'oncle Gaspard. Québec : [Laflamme], 1944. 206 p.

TURGEON, Marie (Renée Des Ormes, pseud.)

Célébrités. Lettre-préface de Thomas Chapais. Québec : L'auteur, 1927. 128 p.

Entre deux rives. Lettre-préface de J. A. Bolduc, ptre. Québec : Action sociale, 1920. 137 p.

Robertine Barry en littérature : Françoise, Pionnière du journalisme féminin au Canada, 1863-1910. Québec : [n.p. — sans éditeur], 1949. 159 p.

> Andrée Bérard, comp. «Bio-bibliographie de Renée Des Ormes.» École des bibliothécaires, Université de Montréal, 1947. vi + 24 p. (Microfilm)

UGUAY, Huguette

Dis-nous quelque chose (Poésies pour les tout petits). Choisies par Huguette Uguay. Illustrations par Normand Hudon. Beauchemin, 1964. 94 p.

UNION Canadienne des Écrivains

Moisson. Éditions Nocturne, 1962. 95 p.

Mosaïque. [par] Simone Archambault [et al.]. Éditions Nocturne, 1963. 91 p.

UNION des Jeunes Écrivains

A treize voix. [par] Simone Archambault [et al.]. Éditions Nocturne, 1959. 78 p.

Aux lyres du matin. [par] Pierrette Binette-Roux [et al.]. Préface : Jean-Raymond Boudou. Éditions Nocturne, 1961. 115 p.

Crescendo. [par] Edès Alexandre [et al.]. Éditions Nocturne, 1963. 101 p.

Dixième Anthologie. Rosaire Boilard [et al.]. Éditions Nocturne, 1966. 68 p.

Fantaisies. Présentation par Léandre Poirier. Éditions Nocturne, 1958. 61 p.

Oasis. [par] Simone Archambault [et al.]. [Préface du Rév. Père François]. Éditions Nocturne, 1960. 63 p.

Prélude Estival. [par] Luc Deneri-Bouchard [et al.]. Éditions Nocturne, 1962. 128 p.

Premières Offrandes. Éditions Nocturne, [n.d. — sans date]. 96 p.

Soleils multiples. [par] Lévy Beaulieu [et al.]. Éditions Nocturne, 1964. 77 p.

VAC, Bertrand (pseud.) voir Pelletier, Aimé

VACHON, G.-André

Une Tradition à inventer. Faculté des Lettres de l'Université de Montréal], [1968]. (Conférences J. A. de Sève, 10).

VADEBONCOEUR, Pierre

La Ligne du risque : Essais. H.M.H., 1963. 286 p.

VAILLANCOURT, Emma

De l'aube au couchant : Poésies. Lettre-préface de Émile Bégin, ptre. Québec : [n.p. — sans éditeur], [n.d. — sans date]. 154 p.

VAILLANCOURT, Jean

Les Canadiens errants. Cercle du Livre de France, [1954]. 250 p.

VALDOMBRE (pseud.) voir Grignon, Claude-Henri

VALLÉE, Arthur

Causeries. Québec : Éditions du Soleil, 1929. 247 p.

VALLIÈRES, Lucile
Une Femme : Roman. Beauchemin, 1957. 221 p.
La Fragilité des idoles. Éditions du Lys, [1964]. 175 p.

VALOIS, Francine (Frédérique Valois, pseud.)
Reflets de bérylune : Poèmes. [Centre Psychologique et de pédagogie], [1964]. 55 p.

VALOIS, Frédérique (pseud.) voir Valois, Francine

VALOIS, Gaétan
Minutes retrouvées : Souvenirs d'un notaire. Préface de Me Victor Morin. Illustrations de Robert Lapalme. Fides, [c 1953]. 227 p.

VALOIS, Léonie
    Rollande Giroux, comp. «Bibliographie de Léonie Valois (Atala).» [n.p. — sans éditeur], 1947. 21 p. (Microfilm)

VALOIS, Marcel (Jean Dufresne, pseud.)
Au carrefour des souvenirs. Beauchemin, 1965. 158 p.
    Gabrielle Bourbonnais, comp. «Bio-bibliographie de Jean Dufresne (Marcel Valois).» [n.p. — sans éditeur], 1948. 8 p. (Microfilm)

VAN SCHENDEL, Michel voir Schendel, Michel van

VANIER, Denis
Je : Poèmes. Avec 4 dessins à la plume de Reynald Connolly. [Préface de Claude Gauvreau]. Longueuil : Image et Verbe. Éditions le Crible, [1965]. 38 p.

VARENNES, Pierre de
Les Insolences d'un séparatiste. Éditions Actualité, 1965. 16 p.

VENNE, Rosario
Les Agates trouvées : Sonnets. Éditions Nocturne, 1965. 135 p.
La Chaîne aux anneaux d'or. Chantecler, 1952. 84 p.

VERNAL, François-Charles Metzger de
D'amour et de douleur. Honfleur : Pierre Jean Oswald, 1967. 60 p.
Le Jardin de mon père : Poèmes. Leméac, [1962]. 75 p.
Pour toi. Éditions du Soir, [1956]. 46 p.
La Villa du mystère. Illustrations de Georges Lauda. Beauchemin, [1959]. 86 p.

VÉRON, Jean (pseud.) voir Hamelin, Eddie

VERSAILLES, Germaine (Desjardins)

Je suis Marie; ou, Celle qui vient : Poèmes. Préface de Roger Brien. Nicolet : Centre Marial Canadien, [1952]. 166 p.

L'Ombre de Dieu. Dessins de Marie Versailles. Préface du R. P. Émile Legault. Éditions de l'Atelier, [c 1958]. 91 p.

VERVAL, Alain

Expérience. [par] Lawrence Lande et Alain Verval. Frères des Écoles Chrétiennes, 1963. 75 p.

VIATTE, Auguste

Histoire littéraire de l'Amérique française des origines à 1950. [Préface de l'auteur]. Québec : Presses Universitaires Laval, 1954. xi + 545 p.

VIAU, Roger

Au milieu de la montagne : Roman. Beauchemin, 1951. 329 p.

Contes en noir et en couleur. Éditions de l'Arbre, [c 1948]. 259 p.

Unis à l'inconnu. Éditions Nocturne, 1957. 68 p.

VIEUX DOC (pseud.) voir Grignon, Edmond

VIGER, Denis-Benjamin

Guy Forget, comp. «Bibliographie de Denis-Benjamin Viger, 1774-1861.» École de bibliothécaires, 1946. 19 p. (Microfilm)

VIGER, Jacques

François-Xavier Grondin, comp. «Bio-bibliographie de Jacques Viger.» École des bibilothécaires, Université de Montréal, 1947. 180 p.

VIGNEAULT, Gilles

Avec les vieux mots. [Québec] : Éditions de l'Arc, [1964]. 88 p.

Balises. Québec : Éditions de l'Arc, [1964]. 123 p.

Contes du coin de l'oeil. [Québec] : Éditions de l'Arc, [1966]. 78 p.

Contes sur la pointe des pieds. Québec : Éditions de l'Arc, 1960. 122 p.

Étraves. Québec : [Éditions de l'Arc], 1959. 167 p.

Les Gens de mon pays. Québec : [Éditions de l'Arc], 1967. 115 p.

Où la lumière chante. Photos : François Lafortune. Québec : Presses de l'Université Laval, 1966. [unpaged — sans pagination].

Pour une soirée de chansons. [Québec] : Éditions de l'Arc, [c 1965]. 42 p.

Quand les bateaux s'en vont. [Québec] : Éditions de l'Arc, [1965]. 101 p.

Tam ti delam. [Québec] : Éditions de l'Arc, [1967]. 90 p.

Aline Robitaille. *Gilles Vigneault.* [Préface de Gérard Bergeron]. Éditions de l'Hexagone, 1968. 148 p.

VILLERS, Marie de (pseud.) voir Routier, Simone

VILLENEUVE, Alphonse

La Comédie infernale; ou, Conjuration libérale aux enfers par un illuminé (en plusieurs actes). [Préface d'un illuminé]. Imprimerie du Franc-Parleur, 1871. iii + 532 p.

VILLENEUVE, Antonio

L'Insoumise : Roman. Fides, 1946. 187 p.

WARWICK, Jack

The Long Journey : Literary Themes of French Canada. [Preface by the author]. Toronto : University of Toronto Press, [c 1968]. x + 172 p.

WILLAUME, Prosper (pseud.) voir Trémaudan, Auguste Henri de

WYCZYNSKI, Paul

Émile Nelligan. Fides, [1968, c 1967]. 191 p.

Émile Nelligan : Sources et originalité de son oeuvre. Ottawa : L'Université d'Ottawa, 1960. 349 p.

François-Xavier Garneau : Aspects littéraires de son oeuvre. Ottawa : L'Université d'Ottawa, 1966. 207 p.

Poésie et symbole : Perspectives du symbolisme. Émile Nelligan, Saint-Denys Garneau, Anne Hébert, La Langue des arbres. Dessins de M. Zygmunt Nowak. Déom, [1965]. 252 p.

YRIL, Léo d'

Symphonies : Le Secret du cygne, Le Secret du paon, Le Secret du Phalène, Le Secret des fauvettes, Le Secret de l'albatross, Le Secret que je garde. Illustré de six frontispieces et de cinquante culs-de-lampe, par Émile Venne. Déom, 1919. 232 p.

BIBLIOGRAPHIES

FRASER, Ian Forbes

Bibliography of French-Canadian Poetry. Part I : *From the Beginnings of the Literature through the École Littéraire de Montréal.* New York: Columbia University, [c 1935]. 105 p.

GARIGUE, Philippe

Bibliographie du Québec (1955-1965). Avec la collaboration de Raymonde Savard. Presses de l'Université de Montréal, 1967. 277 p.

HARE, John E.

Bibliographie du roman canadien-français 1837-1962. Fides, 1965. 82 p.

Les Imprimés dans le Bas-Canada 1801-1840 : Bibliographie analytique. Par John Hare [et] Jean-Pierre Wallot. Préface du chanoine Lionel Groulx. Presses de l'Université de Montréal, 1967. xxiii + 381 p.

Les Canadiens-français aux quatre coins du monde : Une Bibliographie commentée des récits de voyage, 1670-1914. Québec : Société Historique de Québec, 1964. 215 p.

HAYNE, David M.

Bibliographie critique du roman canadien-français, 1837-1900. Compilée [par] David M. Hayne [et] Marcel Tirol. Toronto : University of Toronto Press, 1968. 144 p.

MARTIN, Gérard

Bibliographie sommaire du Canada-français, 1854-1954. Québec : Secrétariat de la Province de Québec, 1954. 104 p.